KLETT-COTTA

HANNE SEEMANN

ARTENSCHUTZ FÜR MÄNNER

Die Wiederentdeckung des Männlichen

KLETT-COTTA

Klett-Cotta
www.klett-cotta.de
© J. G. Cotta'sche Buchhandlung Nachfolger GmbH, gegr. 1659,
Stuttgart 2009
Alle Rechte vorbehalten
Fotomechanische Wiedergabe nur mit Genehmigung
des Verlags
Printed in Germany
Schutzumschlag: Finken & Bumiller, Stuttgart
Gesetzt aus der Scala von Elstersatz, Wildflecken
Auf säure- und holzfreiem Werkdruckpapier gedruckt
und gebunden von CPI – Clausen & Bosse, Leck
ISBN 978-3-608-94554-6

Zweite Auflage, 2009

Bibliografische Information der Deutschen Nationalbibliothek
Die Deutsche Nationalbibliothek verzeichnet diese Publikation in
der Deutschen Nationalbibliografie; detaillierte bibliografische
Daten sind im Internet über http://dnb.d-nb.de abrufbar.

Für meinen Onkel Gorch,
der Forellen räuchern und
Puppenunterhosen stricken kann, und
für meinen Sohn mit
seinem sanften und starken Herzen.

Inhalt

Vorwort

Was ich in diesem Buch zusammengetragen habe, ist eine Ansammlung aktueller Informationen zum Thema »Männer«, angereichert mit der Frage, was man denn damit anfangen kann – mit den Infos und mit den Männern. Das Thema ist tatsächlich aktuell, aber es gibt viele unverbundene Fakten und spezielle Sichtweisen, sodass eine Zusammenschau meines Erachtens fällig ist und zu der Frage berechtigt, was man jenseits der Faktenlage über die Erziehung kleiner Jungs und über das Zusammenleben mit Männern, vielleicht auch nur mit einem einzigen, denken könnte. Nicht nur, wenn man eine Frau ist, sondern insbesondere dann, wenn Mann selbst ein Exemplar dieser seltsamen Gattungsart ist, die derzeit als überflüssig, minderbemittelt und sowohl von Natur aus als auch als Folge des Feminismus als benachteiligt gilt – eine noch nicht allzu alte Sichtweise, weshalb einem Mann beim Lesen von Geschichtsbüchern doch gleich die nostalgischen Tränen über die Wangen rinnen – weinen ist jetzt nämlich in und gilt als supermännlich.

Wenn ich in diesem Buch von Männern rede, dann meine ich »das Männliche« in den Einzelmenschen als eine Manifestation von Denk- und Lebensweisen. Das Männliche findet sich häufiger im Mann – aber, und zwar zunehmend häufig, auch in Frauen. Damit will ich sagen: Es war schon immer beides da, aber ob und wie es lebenspraktisch in Erscheinung tritt, ist eine Frage des Zeitgeistes. Auch, ob und wie die potenziell weiblichen Seiten das Mannes sich in seinem individuellen Leben entwickeln und manifestieren können. Ich vertrete jedoch explizit nicht die Ansicht, dass der Mann weiblicher und die Frau männlicher werden soll – im Sinne einer Angleichung der Geschlechter, weil ich Gleichberechtigung nicht als Gleichheit verstehen will und eine derartige Verwischung der Geschlechtergrenzen nicht für herstellbar, nicht einmal für wünschenswert halte. Ich verstehe die Forderung an den Mann, seine weiblichen Seiten zu kultivieren, auch nicht als eine Entwicklung hin zu einer »Ganzheit«, die den verdrängten »Schatten« (sensu C. G. Jung) integrieren muss. Das ist ein im guten Sinne utopisches, auch psychotherapeutisches Entwicklungskonzept für den Menschen in seinen erwachsenen und späteren Lebensphasen.

Ich plädiere in diesem Buch für die Anerkennung der Diversität, also der individuellen Unterschiedlichkeit von Menschen – hier vor allem von Männern. Dies ist ein Buch über das Sich-voneinander-Unterscheiden. Ich plädiere dafür, dass Männer selbstbewusst lernen sollen zu schauen, wer sie sind, auch im Hinblick auf ihre männlichen *und* weiblichen Eigenschaften. Dass sie – aber auch die Frauen – nicht schnöde das, was sie selbst nicht sind oder nicht verstehen, abwerten oder bekämpfen müssen. Dass sie würdigen können, was sie als Männer auszeichnet und gefährdet.

Zwar habe ich keine eigenen Forschungsergebnisse zu diesem Thema anzubieten – nur ein paar einschlägige Erfahrungen –, dafür aber einige eigene Gedanken, die vom derzeitigen »gender mainstreaming« abweichen und in eine andere Richtung weisen. Ich hoffe, dass Sie beim Lesen so viele »Anstößigkeiten« darin finden werden, dass daraus Denkanstöße und die Ermutigung zum Querdenken im eigenen individuellen Kontext hervorgehen.

Falls Sie in diesem Buch Antworten auf die allfälligen Warum-Fragen vermissen, so will ich Ihnen gleich sagen, warum das so ist. Ich meine damit Antworten auf die Frage: Warum können manche Frauen nicht einparken? (Weil sie, anders als Männer, keine so gute räumliche Vorstellung haben.) Warum sprechen Männer mit ihren Frauen nicht gern über ihre gemeinsame Beziehung? (Weil sie wissen, dass sie nicht so einfühlsam sind und die Frau ihnen das gleich wieder vorhalten wird.) Warum sind Männer angriffslustiger, während Frauen mehr Geduld haben, wenn sie etwas haben wollen? (Weil die Männer eben früher Jäger waren und immer noch sind, während Frauen Sammlerinnen waren und auch jetzt immer noch ihren Kleiderschrank überladen).

Solche Warum-Fragen und die dazugehörigen sehr plausiblen Antworten gibt es Hunderte, und manchmal macht es Spaß, sie zu hören, weil einem jede Menge Beispiele einfallen, die uns sagen lassen: Genau so ist es! Die Antworten führen aber meistens nicht weiter, weil keine Schlussfolgerungen aus ihnen herleitbar sind.

In den philosophischen Diskursen der Unterstufe wird als ein Beispiel für Ursache und Folge oft der Satz verwendet: Wenn es regnet, wird die Straße nass. Man könnte also fragen: Warum ist schon wieder die Straße nass? Weil es geregnet hat.

Sogar dieses triviale Beispiel unterliegt gesellschaftlichen, z. B. städtebaulichen, Veränderungen. Straßen in überdachten Einkaufspassagen können aus völlig anderen Gründen nass sein: Mal abgesehen von den Wasserleitungen der Straßenreinigung oder der Gießkanne des Blumengeschäfts, könnte es sich um einen Überfall mit der Wasserpistole handeln – oder vielleicht hat einfach jemand hingepinkelt. In letzterem Fall hat es keinen Sinn, einen Regenschirm aufzuspannen, nur weil der Wetterbericht es nahelegt.

Im täglichen Leben ist es nützlicher, »Warum-Fragen« durch »Wie-es-möglich-war-dass-Fragen« zu ersetzen. Dann kann man gleich dazu übergehen, zu fragen: Was soll man denn nun damit – nämlich mit dem, was man des Öfteren beobachtet – anfangen?

Also erscheint es mir klüger, zuerst einmal genauer hinzuschauen und zu fragen: Was ist eigentlich mit den Männern los?

1. Was ist los mit den Männern?
Oder: Wie es möglich war,
dass sie so »heruntergekommen« sind

Dass ich diese Frage stelle bzw. dass sich diese Frage überhaupt stellt, besonders zum jetzigen Zeitpunkt und in dieser Form, bedarf der Erklärung. Es wurde in der letzten Zeit viel darüber geschrieben, dass Männer anders sind und Frauen auch, wie anders als die Frauen sie sind und wie man als Frau mit ihnen trotzdem zurechtkommt, wenn man sich nur richtig anstrengt oder es richtig mit ihnen anfängt – also Sachbücher, die man als Gebrauchsanweisung für den Umgang mit Männern benutzen könnte. Es gibt übrigens auch Gebrauchsanweisungen für Männer über den Umgang mit Frauen, z. B. »Wie Frauen ticken«, nachdem wir gehört haben, »Wie Männer ticken – Über hundert Fakten, die aus jeder Frau eine Männerversteherin machen« – beides verfasst von einem Mann (Hauke Brost 2005). Wir lesen auch, wie sich die Situation der Männer, besonders die der Jungs, im Zuge der Frauen- bzw. Mädchenemanzipation verändert, ja sogar so sehr verschlechtert hat, dass wir von ihnen nun als dem »benachteiligten« Geschlecht sprechen müssen – so schnell dreht sich der Wind?!

Es ist noch gar nicht so lange her, dass Frauen, die wir heute radikalfeministisch nennen würden, zum Beispiel Susan Brownmiller (1978), Catharine MacKinnon (1979) und Andrea Dworkin (1987, 1997) – allesamt Bestsellerautorinnen –, Frauen hinsichtlich Gewalt, sexueller Übergriffe, Pornografie und Diskriminierung als Opfer des männlichen Machtmissbrauchs beschrieben haben. Derlei ist auch heute noch keineswegs aus der Welt geschafft, und der Begriff der Benachteiligung wäre dafür ein Euphemismus. In den USA, wo mitunter auch in manchen anderen Hinsichten radikalfundamentalistisch gedacht wird, führten diese Schriften damals zu hasserfüllten und zum Teil absurden Reaktionen der Öffentlichkeit (nachzulesen bei Badinter 2005) – gegen die Täter wohlgemerkt. Es ist verständlich und zu würdigen, wenn sich angesichts allgegenwärtiger männlicher Übergriffe und Grausamkeiten, nicht nur gegen Frauen und Kinder, sondern auch gegenüber Männern und gegen sich selbst, die Scham von Männern gegen die eigene Geschlechtszugehörigkeit wendet. Diese berechtigte Scham von Männern gegenüber solchen Geschlechtsgenossen, die foltern, missbrauchen, vergewaltigen und unterdrücken, sollte aber nicht dazu führen, dass sie sich selbst missachten und klein machen (lassen). Manche bekehren sich selbst zu feministischen Positionen, weil sie denken, Frauen seien doch die besseren Menschen. Klüger sind sie natürlich auch, erfolgreicher, schöner, lebendiger usw. Das hilft allerdings den Männern in ihrer eigenen Identitätsbildung und der Suche nach Lebenszufriedenheit und einem guten Platz in der Welt nicht weiter. Und darum geht es doch: Auf eine gute Art und Weise und gleichzeitig *männlich* zu leben (siehe dazu das schöne Männerbuch von Lebert & Lebert 2007).

Walter Hollstein, Soziologe und ausgewiesener Männerforscher, hat nun vor Kurzem ein eindrucksvolles und niederschmetterndes Lamento angestimmt über die Folgen des (radikalen) Feminismus, der die Benachteiligung von Jungen und Männern auf fast allen Gebieten des männlichen

Daseins nach sich gezogen habe. Er fordert nachdrücklich dazu auf, nun die Gleichstellung des Mannes voranzutreiben, z. B. endlich Männerbeauftragte einzusetzen, um die schrecklichen Folgen des Feminismus wieder auszubalancieren (Hollstein 2008). Was sollte wohl so ein Beauftragter zugunsten der Männer tun? Männerquoten verfechten und deren Einhaltung überwachen? Denn: »Wo Frauen Machtpositionen erobern, müssen Männer sie verlassen. Wenn Angela Merkel Bundeskanzlerin wird, kann es Gerhard Schröder nicht mehr sein ... Der zunehmende Machtverlust des männlichen Geschlechts ist vielerorts als das deutlichste Anzeichen für eine Krise der Männlichkeit benannt worden.« (S. 21) Wohl wahr. Aber die Frage stellt sich aus meiner Sicht nicht so sehr dahingehend, dass Männer sich verlorene Bastionen zurückerobern müssten – sonst würden sie auf diesen Bastionen vielleicht wieder das Gleiche tun wie in präfeministischen Vorzeiten. Die Frage stellt sich prospektiv, d. h. in die andere Richtung: Wie können sie eine eigene, männliche oder auch gänzlich unmännliche Identität gewinnen, die es ihnen ermöglicht, in einer Welt, in der die Frauen in ihrer eigenen Mächtigkeit hervorgetreten sind, ihre je eigene Männlichkeit zu realisieren und damit glücklich zu werden. Ich sage das einmal ganz frivol, weil ich davon ausgehe, dass ein glücklicher oder auch nur ein zufriedener Mann nicht so leicht übergriffig und gewalttätig wird – auch nicht gegen sich selbst. Er sollte tun dürfen, was er kann, vielleicht ganz andere Sachen als die Frauen, und sich seines Geschlechts nicht schämen.

Es gibt auch schon Überlegungen, wie es die Gesellschaft hinkriegen könnte, dass unsere Jungen wieder männlich werden. Klaus Hurrelmann, einer der führenden und klugen Köpfe unter den Erziehungswissenschaftlern, hat kürz-

lich in einem Interview seine Besorgnis über die Jungs ge-
äußert und vorgeschlagen, mehr männliche Erzieher in die
Kindergärten zu schicken, als Vorbilder! Ich frage zurück:
Vorbilder wofür? Für »richtige Männer«? Vielleicht kommen wir ja zu dem Schluss, dass die kleinen Jungen in den
Kitas durchaus »weibliche« Männer als Erzieher brauchen
könnten – in dem Sinne weiblich, dass sie von ihnen lernen
könnten, dass ein empathischer, d. h. einfühlsamer, Umgang miteinander nicht unmännlich ist. Insofern würde ich
Herrn Hurrelmann durchaus zustimmen. Und natürlich
würde ich den kleinen Jungs – den Mädchen auch! – sehr
wünschen, dass sie schon im Kindergarten wie auch später
in der Schule viel mehr Umgang mit Männern hätten. Wenn
man sieht, wie Kinder zum Beispiel auf männliche Ziwis
fliegen, würde man ausrufen wollen: »Alle jungen Männer
für ein soziales Jahr in die Kindergärten und Schulen!«

Was die Erzieher betrifft, so habe ich generell meine
Zweifel, ob sie zu Vorbildern taugen. Erziehen ist eine Pro-
fession, das macht man beruflich, wenn man Erzieher oder
Lehrer ist. Daraus kann so etwas wie ein *berufliches* Vorbild
werden, positiv oder negativ: »Wenn ich einmal Kinder er-
ziehe, dann mache ich es genau so – oder aber ganz anders.«
Selbiges gilt auch für Eltern, wenn sie als Erzieher auftreten – hoffen wir mal, dass das nicht ihre einzige Funktion
in der Familie ist und dass ihre Kinder darüber hinaus auch
zu sehen bekommen, wie sie es anstellen, authentisch zu
leben. Zu einem Vorbild wird ein Mensch, dem man beim
Leben zuschaut, der als Person in Erscheinung tritt, der den
Eindruck hinterlässt, dass er sein *eigenes* Leben lebt, das le-
benswert oder zumindest auszuhalten ist. Manche Männer
und manche Frauen hinterlassen durchaus diesen Eindruck – sogar wenn sie Erzieher oder Lehrer sind.

Nun aber zurück zu den »Männer«-Büchern.

Margit Schönberger (2007) findet in ihrer »Liebeserklärung an eine überflüssige Spezies«, dass Männer theoretisch völlig unbrauchbar sind – aber wer wollte auf sie verzichten? Ich hoffe einmal mehr: am wenigstens die Männer selbst.

Wenn Frauen lesen, wie Männer als mehr oder weniger minderbemittelt dargestellt werden, überkommt sie nicht selten eine klammheimliche Genugtuung darüber, dass die selbst lang erduldete Abwertung nun die Richtung gewechselt hat und wie ein Bumerang zurückfliegt. Da kann man nun Männer, die man kennt, vor dem Hintergrund solcher diverser Folien betrachten und dabei immer mal wieder ausrufen: »Ja, genau!«, oder: »Ist das nicht furchtbar? – Hoffentlich merke ich es rechtzeitig, wenn mir mal wieder so ein Typ über den Weg läuft!« Zum Beispiel einer, der mal wieder nicht schnallt, was gerade angesagt ist. Wie der aus der Geschichte, in der ein Mann und eine Frau gemeinsam in ihrem Auto gegen Abend auf dem Heimweg sind und die Frau sagt – mit was für einem Gesichtsausdruck kann man sich denken, es ist nämlich schon Abend –: »Weißt du eigentlich, dass heute unser Hochzeitstag ist?« Ob er in diesem Moment erschrickt, ist nicht überliefert, aber er sagt sogleich: »Ach Schatz, da fahren wir doch gleich mal beim Italiener vorbei und holen uns eine Pizza – ich glaub', heute Abend gibt es einen guten Krimi im Fernsehen!« Ihr fällt die Klappe runter, was er bemerkt – immerhin! Darauf er großzügig: »Na ja, es muss ja nicht unbedingt ne Pizza sein, ich kann auch zum Chinesen fahren!?«

Da denkt man doch: Ach lieber bitte gar nicht – oder?

Es ist mir allerdings in den letzten Jahren nicht selten übel aufgestoßen, wenn sich Frauen über Männer lustig gemacht haben in einer Weise, die das reziproke Denken doch sehr vermissen ließ. Dass ich nämlich dachte: Wenn Männer so über Frauen sprächen – was sie sicher früher getan haben und heute vielleicht immer noch tun, aber eher selten und nicht so öffentlich –, dann möchte ich mal die Reaktion der Frauen sehen. Sie würden solche Männer in der Luft zerreißen –, zu Recht! Zeitverzögertes Wie-du-mir-früher-so-ich-dir-Jetzt ist hier meiner Ansicht nach nicht angebracht – außer man wünscht den Krieg. Was mich wundert, ist die Gelassenheit, vielleicht auch Ergebenheit, vielleicht aber auch nur die zur Schau getragene Ruhe bei innerer Wut, mit der solche Männer die Despektierlichkeiten mancher Frauen hinnehmen.

Was vielleicht auf Unterlegenheitsgefühle schließen lässt, die nicht wenige Männer gegenüber »starken« Frauen mittlerweile entwickelt haben. Es gibt Autoren, z. B. Scott Wetzler (2003) aus psychotherapeutischer Sicht oder Carola Meier-Seethaler (2007) aus feministisch-philosophischer Sicht, die sagen, dass es männliche Unterlegenheitsgefühle sind, die die ganze Unterdrückungsmisere der Männer gegenüber den Frauen, in welchem Gewand auch immer, hervorgebracht hat. Diese These leuchtet mir sehr ein.

Wenn man bei Hauke Brost liest, wie Männer ticken, kommt man leicht auf den Gedanken, dass Männer auch selbst daran glauben, sie seien einfacher gestrickt als die Frauen – Stichwort multi-tasking –, und dass man sie zu ihren eigenen Gunsten am besten erzieht wie nette Haustiere. Und natürlich kennen wir alle Einen, dem wir die fröhliche »doggy-school« nach Art von Michele Weiner-Davis (Jetzt ändere ich meinen Mann – Wie Sie ihn einfach umkrempeln, ohne dass er es merkt. Piper, 2003) gönnen würden. Die Autorin behauptet, ihr eigener Mann sei mit dem Skinner'schen Verhaltenstraining – belohnen oder ignorieren – bestens zufrieden, und die Partnerschaft funktioniere, seit sie es anwende, wunderbar, weshalb sie es ihren Geschlechtsgenossinnen empfehlen könne: mit einzelnen Schritten und Übungen, wie wir Sachbücher eben so schätzen! Zweifelsohne: Skinner war keiner von den Dummen. Es wäre nicht uninteressant zu erfahren, ob in seinem eigenen Fall das Prinzip der Selbstanwendung zutraf – er würde vermutlich gesagt haben: »Aber meine Herrschaften, ich bin doch keine Taube, keine Ratte, kein Hund – und dass ich ein Mann bin, können Sie hier außer Acht lassen, denn ich lege gar keinen Wert auf eine ›funktionierende‹ Beziehung – ich liebe meine Frau, das muss reichen!« Das war jetzt fiktional.

Was ich nicht so erfreulich finde an dieser Art Beziehungsliteratur, oft auch der von Paartherapeuten verfassten, ist das ständige Bemühen, es *richtig* zu machen, das Arbeiten an der Beziehung, die Anstrengung dahinter – nicht selten einseitig – und vor allem: die Strategie! Ich finde, das Leben ist schon anstrengend genug, und außerdem finde ich, dass man eine gute Beziehung daran erkennt, dass sie leichtgängig ist und die an ihr Beteiligten erfreut – nicht immer, aber doch insgesamt gesehen.

Ich will deshalb etwas anderes tun, nämlich: Männer von ihren »guten« Seiten her betrachten. Insofern ist dies hier kein Anleitungs-, sondern ein Ermutigungsbuch – für Männer und für Frauen!

Es soll ja noch ein paar Männer geben, die sich in ihrer Haut wohlfühlen, sich gar nicht fragen, ob sie wohl ein »richtiger Mann« sind, und trotzdem den bestimmten Eindruck haben, dass das Leben, das sie leben, ihr eigenes ist, dass sie ihre Frauen, Kinder, Tiere und sonst auch noch

allerlei lieben und trotzdem auf die Frage nach ihrer eigenen »männlichen« Identität keine definitive Antwort geben
können.

Falls Sie es schaffen, bis zum 10. Kapitel – dem über die
Liebe – weiter zu lesen, werden Sie gemerkt haben, was an
den Männern gut ist – zumindest in meinen Augen.

2. Der »ethnologische« Blick vom Aussichtsturm, oder: Von wo aus schauen wir wohin?

Selbstredend ist dieses Buch ein vermessenes Unterfangen gerade von mir, die ich von Männern überhaupt nichts weiß und sie noch weniger verstehe. Ich finde das aber eine gute Voraussetzung für dieses Thema, nämlich gewissermaßen mit einem ethnologischen Blick auf so ein »seltsames« Wesen zu schauen. So ein erforschendes Interesse an bisher zwar bekannten, aber dennoch nicht vertrauten Lebensformen kann man häufig bei Männern beobachten, wenn sie sich auf die Lauer legen, um, sagen wir einmal, »das Schnabeltier« auszuspähen. Dass es Schnabeltiere gibt, wissen wir, auch wie sie aussehen. Was und wie sie es aber treiben, zum Beispiel in ihrem Nest, wenn sie Junge aufziehen, konnte man kürzlich sehen. Da saß ein Mann, ein Forscher, lange Tage draußen über einer Schnabeltierhöhle, in die er ein Endoskop »eingeführt« hatte, an dessen Kopf ein Lichtlein und eine Kamera montiert waren, sodass der da draußen immer schön beobachten konnte, was sich da drinnen Sensationelles ereignete, während die Schnabeltierkinder so langsam heranwuchsen, bis sie letztendlich herauskamen und im Fluss verschwanden. Falls der Forscher vergessen hatte, ihnen einen Sender zu implantieren, wissen wir nicht einmal, wo sie sich aufhalten, die Schnabeltiere – und die Männer. Weil wir jetzt aber endlich etwas über Schnabeltiere wissen – nicht viel, aber immerhin haben wir ein

Bild von ihnen –, resultiert daraus die Aufforderung, sie zu schützen – also: Artenschutz! So etwas erhoffe ich mir zukünftig auch für die Männer. Artenschutz heißt für mich, dass jede Lebensform in ihrer Eigenart anerkannt und gewürdigt werden muss, indem man ihr ihren Lebensraum zugesteht, den sie sich selbst erobert hat.

Geradezu frivol ist das Unterfangen dieses Buches auch deshalb, weil ich als Frau eigentlich nur politisch inkorrekt über Männer reden kann. Der Fairness wegen will ich deshalb sogleich sagen, von welcher »Warte« aus ich das Leben der derzeitigen Männer betrachten will – von meiner eigenen nämlich, und die ist, wie sollte es anders sein, biografisch geprägt.

Nebenbei bemerkt wird dieses Buch ein sehr schnelles Verfallsdatum haben – lesen Sie es also lieber gleich –, weil sich die Zeiten, sozialpsychologisch betrachtet, ebenso schnell ändern. Mir scheint, dass ein gravierender Mangel der Psychologie und insbesondere der Literatur zu den Geschlechterbeziehungen darin besteht, dass nicht sorgfältig unterschieden wird zwischen überdauernden, z. B. biologischen einerseits, und kurzfristig gesellschaftlich oder durch den Zeitgeist vermittelten Verhaltensweisen bzw. Eigenschaften andererseits – und allem anderen, was zeitlich dazwischen angesiedelt ist. Ich will nicht sagen, das wäre einfach oder überhaupt zu leisten, aber es ist schon eine Überlegung wert.

Was also meine persönlichen, biografisch geprägten Präferenzen betrifft, so sind mir vor Kurzem einige Sendungen in »arte« aufgefallen, die mir den Anstoß zu den Überlegungen dieses Buches gegeben haben. Was einem auffällt, gefällt und dazu einfällt, ist ja, wie wir wissen, biografisch geprägt – man könnte auch sagen: Unser Gehirn funktioniert so, weil es von Anfang an mit uns zusammengelebt hat.

Mein Ausgangspunkt also, gewissermaßen vom Ausguck des eigenen Turmes in die Ferne:

Es gibt an den südlichen Rändern Chinas noch einige kleine Sozietäten – von Stämmen will ich hier nicht sprechen, denn das klingt eher rückständig, was hier überhaupt nicht zutrifft, aber es handelt sich wohl doch um Stammeskulturen –, die in einer echten matrilinearen und, wie mir scheint, auch matriarchalen Gesellschaftsform leben und, wie man hört, damit hochzufrieden sind, und zwar sowohl die Frauen wie auch die Männer! Diese Familienverbände, also Großfamilien, haben ihre Beziehungsgefüge – unbeobachtet von der chinesischen Zentralmacht – ungestört tradiert und funktionieren gut, und zwar so:

Die Frauen erledigen (fast) alle Arbeiten, haben das Sagen, also alle Entscheidungsbefugnisse auch über das Geld, und ziehen die Kinder groß. In den Mehrgenerationenfamilien wird die »mächtigste«, also eine starke und intelligente, Frau zum Familienoberhaupt gewählt bzw. ernannt, möglicherweise ergibt es sich einfach so und sie wird als solches anerkannt. Es ist nicht die älteste Frau, sondern eine Frau in der Mittelstellung, die die Zentralfigur darstellt. Die männlichen Brüder der Frauen bleiben in der Familie und sind, wenn sie erwachsen werden, als Onkel für die nächste Generation, also die Kinder ihrer Schwestern, ein dauernd anwesender »sozialer« Vater. Hier zeigt sich schon ein gewisser Vorteil dieser Familienform: Die Männer sind von klein auf mit dieser Familie vertraut, und da auch die Frauen nicht in eine andere Familie wechseln, gibt es keine Schwiegermütter, keine Fremdlinge, keine Anpassungsprobleme etc.

Jetzt wird es schon schwierig, unsere Begriffe auf diese Lebensformen anzuwenden, denn diese Onkels sind natürlich Väter im Rollensinn, nicht jedoch genetisch gesehen. Das genetische Denken spielt – und das ist bemerkenswert – in diesen Kulturen keine Rolle bzw. ist verpönt. Es wird nicht gefragt: Wer ist der »leibliche« Vater? Das mag man für rückständig halten oder für klug. Rückständig ist es allerdings eher nicht, denn im Tierreich spielt es eine eminente Rolle für die Männchen, ihre *eigenen* Gene weiterzugeben. Wir könnten es folglich auch für eine hohe Kulturleistung halten, genau danach nicht zu fragen.

Wenn man aber nicht weiß bzw. wenn es irrelevant ist, wer genau der biologische Vater eines Kindes ist, können gewisse Regeln unserer »Hochkulturen« nicht angewandt werden. Ich erinnere an dieser Stelle daran, dass erst kürzlich bei uns gerichtlich geklärt wurde, dass Männer nur dann ein Recht auf die Feststellung ihrer Vaterschaft haben, wenn die Mutter bzw. das Kind dem zustimmen. Das soll sich jetzt ändern, was ich persönlich bedauerlich finde, weil ich denke, ein Kind ist ein Geschenk des Lebens, und da würde man sich wünschen, dass alle sich darum drängen, es großzuziehen und finanziell dafür aufzukommen. Unsere Politiker finden das auch: Sie streiten sich schon eine geraume Weile herum, wer das zukünftige kinderfreundliche Deutschland finanzieren darf. Es würde mich noch mehr freuen, wenn sich auch sonst im täglichen Leben jedwede Leute für jedwede Nöte eines Kindes zuständig fühlen würden, nur weil sie eben gerade mal da stehen – also sich in der Nähe eines Kindes aufhalten, das gar nicht ihr eigenes ist. Sie sollten dafür auch nicht bezahlt oder bedankt werden.

Im Vorgriff sei schon einmal angemerkt, dass in westlichen, gut funktionierenden Patchworkfamilien die genetische Herkunft der Kinder ebenfalls keine Rolle spielt, was die Fürsorge und Bezogenheit ihrer zum Teil neuen Eltern betrifft: Die eigenen Kinder haben da meistens keine bevorzugte Sonderstellung.

Aber zurück in den Süden Chinas: Was tun die Männer, wenn doch die Frauen all das tun, was zu tun ist? In der oben beschriebenen Reportage sah man eine hinreißende Szene: Auf einem am Boden liegenden Baumstamm saßen nebeneinander, aufgereiht wie die Orgelpfeifen von jung nach alt, die Männer – der Jüngste links, vielleicht 20, der Älteste rechts, etwa 80 – und unterhielten sich miteinander. Das heißt, sie sprachen nicht viel, mal sagte einer was, dann wieder ein anderer. Da kommt eine junge, dynamische Reporterin herbei, hält ihnen das Mikrofon hin und fragt: »Und, was machen Sie?« Die Männer schauen allesamt ratlos ob dieser seltsamen Frage, denn eigentlich sieht man ja, was sie machen. In einer italienischen Bar oder einem griechischen Cafeneion würde man ja auch nicht hingehen und fragen: Was machen Sie da eigentlich? Einer der Jüngeren versteht dann aber die Frage doch richtig und sagt: »Wir machen nichts.« Ein erneuter Anlauf der Reporterin: »Ich meine, was arbeiten Sie?« Einer der alten Männer sagt: »Die Frauen arbeiten, wir arbeiten nicht.« Ein anderer fügt hinzu: »Männer arbeiten nicht gern, Männer sind von Natur aus faul.« Dann aber: »Wir warten hier. Wenn die Frauen Hilfe brauchen, dann rufen sie uns. Frauen können manche Arbeiten nicht so gut, da helfen wir ihnen.«

Fällt uns da was auf?

Südchina bei uns

Eine meiner allein lebenden Freundinnen, in deren Haus noch andere allein lebende Frauen wohnen – in meiner Generation ist das ja nichts Außergewöhnliches –, diese Freundin also spricht immer mal wieder von »unser aller Hausfreund«, wenn sie gemeinsam einen bestimmten Mann (an)rufen, der mit seinem Werkzeugkasten, Bohrer, Akkuschrauber oder einfach mit seinem Know-how, Computerprobleme betreffend, herbeieilt, wenn die Frauen Hilfe brauchen. Und was kriegt er dafür? Ein schönes Abendessen im Kreise dieser netten Frauen! Das ist es, was ein alleinstehender Mann braucht. Kochen kann er zwar auch, aber die ganzen schönen Sachen allein aufessen ist nicht so nett.

Meinen eigenen biografischen Bezug zu der beschriebenen südchinesischen Lebensweise und damit die positive Faszination, die mich bei der Vorstellung, in so einem Familienverband zu leben, überkommt, liegt darin begründet, dass es bei mir zu Hause, d. h., als ich noch klein war, ähnlich zuging – zwar nicht als Ergebnis einer gewachsenen und erwünschten Familienkultur, aber im Endeffekt kommt das in den Augen eines kleinen Mädchens aufs Gleiche heraus. Später, wenn man seine eigene erlebte Familienstruktur mit »normalen« Familien vergleicht, kann sich die Bewertung allerdings völlig verändern. Aber nach dem Krieg waren eben auch keine »normalen« Zeiten.

In meiner Familie gab es ebenfalls ganz eindeutig ein Matriarchat der oben beschriebenen Form, und, wie ich inzwischen festgestellt habe, nicht nur in Kriegszeiten. Über Generationen hinweg hinterließen Männer Kinder und verschwanden – sie starben früh, waren krank und mussten versorgt werden wie Kinder, sie blieben im Krieg verschollen, waren aushäusig – während die Frauen arbeiteten, die Kinder großzogen, das Leben gestalteten und stark wurden. Unter dem Wort »Emanzipation« konnte ich mir nie etwas vorstellen. Ich dachte, das sei ein Entwicklungsergebnis – von der abhängigen hin zur emanzipierten Frau. Bei uns war die Selbstständigkeit und Unabhängigkeit der Frauen gewissermaßen angeboren – es gab nichts anderes. Vor dem Frauenbild des vergangenen Jahrhunderts – meine Sippe lebte leider nicht im Süden Chinas, sondern in einer katholischen Kleinstadt – war das keine Selbstverständlichkeit und für die Frauen eher anstrengend. Für die Männer vermutlich ängstigend – vielleicht haben sie sich deshalb alle so schnell davongemacht. Umso mehr verwundern mich heute, wenn ich so zurückblicke, der Mut und die Selbstsicherheit, mit der meine Großmutter und meine Mutter in dieser kleinbürgerlichen Umgebung auftraten, zumal wir keinen gesellschaftlichen Status hatten und nicht wohlhabend waren.

»Wohlhabend« waren wir dennoch: Es waren immer Kinder da. Und wenn ich heute alleinerziehende Mütter sehe, denke ich des Öfteren: Dieser, nicht mehr vorhandene, Vater hat schöne Kinder hinterlassen – dafür ist ein Mann doch gut, oder?

Nun aber dennoch: die Männer der Familie. Das waren für mich die drei jüngeren Stiefbrüder meiner Mutter, meine Onkels also. Sie haben mich als kleines Mädchen oft »geärgert«, nicht erzogen, dazu waren sie meiner Meinung nach nicht befugt, aber sie haben mich gut unterhalten, mich auf ihre Radtouren und zum Baden mitgeschleppt, und einer von ihnen hat für meine Puppe eigenhändig eine Unterhose gestrickt, weil sie keine hatte und eine katholische Puppe nicht unten ohne sein kann. Leider verwendete er für diese Unterhose eine sehr hässliche braune Nachkriegswolle, die meine schöne Puppe überhaupt nicht anziehen wollte – genauso wenig wie ich selbst die wollenen Nachkriegs-Unterhosen mochte. Trotzdem ist genau dieser Onkel mein Lieblingsonkel geblieben! Und er wäre später sicher ein guter Mädchenvater geworden – hat aber leider nur zwei Söhne gekriegt, sodass seine außergewöhnliche Fähigkeit, Puppenunterhosen zu stricken, evolutionär gesehen für die Katz war.

Bedürfnisse und Besonderheiten eines »Systems«

Neben der ethnologischen und biografischen Sicht habe ich noch einen professionellen Blick von meinem Aussichtsturm auf die (Männer-)Welt: die Psychosomatik. Wenn ich überhaupt von irgendetwas eine Ahnung habe, dann davon, was man als psychosomatische Störung begreifen kann (siehe auch Seemann 2007). Meinem Verständnis der psychosomatischen bzw. funktionellen Störung liegt eine Denkfigur zugrunde, die man auch auf das Thema dieses Buches anwenden kann, nämlich die Frage: Wie und unter welchen Bedingungen funktioniert ein komplexes System – ein Mann zum Beispiel – gut und wie kriegt man es dazu, zu entgleisen oder sich selbst fremd zu werden? In der Psychosomatik kann man Gesundheit so definieren: Ein Mensch lebt ungestört durch irgendwelche Körpersymptome so vor sich hin, tut, was er oder sie tun muss, soll oder möchte, und verschwendet dabei keine oder wenige Überlegungen an seine Gesundheit. Er kann sich darauf verlassen, dass sein Organismus schon vermelden wird, wenn ihm irgendwas nicht passt – dann schickt er nämlich ein Symptom, ein körperliches –, und dann heißt es: hinschauen, hinhören, fragen: Was ist los? Stimmt was nicht? Passt dir was nicht?

Auch hier sind Warum-Fragen Fallenfragen: Wenn Patienten mit psychosomatischen Störungen in die Therapie kommen und fragen: Warum tut mir mein Körper das an? Was habe ich falsch gemacht – und wenn ja, warum mache ich nur immer wieder so was?, dann versuche ich sie schnell und beharrlich von diesem Pfad wieder abzubringen. Denn wenn wir den »Fehler« kennen, kennen wir dann auch die Lösung? Wenn die Warum-Frage beantwortet wird, stellt sich oft heraus, dass es eigentlich gar keine andere Möglichkeit gab oder dass der Fehler auch in Zukunft nicht oder nur schwer zu vermeiden sein wird oder dass eine Veränderung der (vermeintlichen) Ursache so viel Nebenkosten verursacht, dass man doch lieber alles so in Kauf nimmt, wie es ist.

Also machen wir lieber gleich einen Schritt in die Richtung auf eine zukünftige Lösung hin.

Und da muss die Hauptfrage lauten: Was ist nötig, damit alles wieder ungestört funktioniert? Eine psychosomatische Störung ist dazu da, ihren Besitzer zu stören, damit der aufmerkt, etwas merkt und gegenreguliert. Nur dann, nämlich, wenn sich ein Symptom meldet, zerfällt die Einheit der Person in einen Körper und den, der einen Körper hat – oder einen Kopf, der ihm wehtut, einen Arm, der keine Fenster mehr putzen kann, einen Rücken, der sich weigert, längere Zeit zu sitzen, Beine, die einem den Dienst versagen. Dann nützt es (längerfristig) wenig, mit der pharmakologischen Keule zu kommen und zu sagen: Halt die Klappe, ich hab jetzt keine Zeit, mich um dich zu kümmern. Auch nicht, zu sagen, andere leben doch genau so – anstrengend zum Beispiel –, also, stell dich nicht so an! In ganz gravierenden

Fällen weigert sich so ein Organismus, noch weiter mit seinem Besitzer in Frieden zusammenzuleben, und macht ihn richtig fertig – da bleibt dann nur noch die Rente oder die ultimative Trennung, aber ein richtig gutes Leben springt dabei oft nicht mehr heraus.

Was soll man in einem solchen Fall tun? Man sollte die Bedürfnisse und Besonderheiten dieses individuellen Organismus anerkennen und ihm so weit entgegenkommen, dass er seine Nörgeleien, Bösartigkeiten, Verhinderungsstrategien aufgeben kann und zufrieden ist. Und Ruhe gibt. Das heißt: Ihm Gelegenheit geben, mit sich selbst zufrieden zu sein, auch wenn er gar nicht so ist, wie man denkt, dass er sein sollte. Dieses Konzept können wir auch auf den Mann anwenden!

Wie er – der Organismus – sein »sollte«, wissen wir aus der somatischen Medizin ganz gut. Da gibt es für alle Funktionsparameter Richtwerte mit einer gewissen Bandbreite, innerhalb derer die Werte als »normal« gelten. Weichen sie ab – der Blutdruck zum Beispiel –, so gilt das als auffällig. Größere Abweichungen gelten als pathologisch und müssen therapiert werden. Auch die Psychologie hat für Menschen – Kinder, Erwachsene, Alte, neuestens auch für Frauen und Männer – Richtwerte parat für das, was als normal gelten kann. Auch hier sind leichte Abweichungen »auffällig« – kein Kompliment! – und große Abweichungen pathologisch. Außer natürlich, jemand kriegt es hin, sich erst einmal »unauffällig« durchzumogeln und später ein berühmter und auffallender Exzentriker zu werden.

In der Psychosomatik kann von Normwerten nicht die Rede sein. Der psychophysiologische Organismus ist hochgradig individuell. Er kennt sich selbst, kennt seine eigene gute Ordnung, reguliert und balanciert sich selbst und funktioniert so lange unauffällig, bis er durch belastende Umweltbedingungen (von außen oder innen: auch ängstliche oder misstrauische Gedanken sind für den Organismus »Umweltbedingungen«!) so sehr gestört wird, dass er selbst nicht mehr damit zurechtkommt. Dann wendet er sich mit einem Symptom an seinen »Besitzer«, also den, der diesen Körper »hat«. Meistens werden psychosomatische Symptome erst dann zur Kenntnis genommen und behandelt, wenn sie einen richtig stören. Ob das der Fall ist, ob die Störung gravierend genug ist, darüber entscheidet der Betroffene selbst – oder aber sein soziales Umfeld. Für psychische Störungen gilt das Gleiche – wenn sie irgendwen, uns selbst inbegriffen, stören, greifen wir ein und verlangen Veränderung.

Wenn es sich um unseren physischen Organismus handelt, sind wir allerdings eher bereit anzuerkennen, dass er eben so ist, wie er ist, auch, wenn uns das nicht schmeckt. Dass das auch für andere Bereiche unserer Person gelten soll, das zu akzeptieren fällt schwer, weil wir nämlich denken: Wenn wir nur ordentlich an uns arbeiten, könnten wir schon dem entsprechen, was »normal« ist, was die Gesellschaft verlangt, was den Eltern oder dem Partner gefällt usw.

Es gibt den wohlbekannten Satz: »Werde, wer du bist.« Dieser Satz sagt nicht: »Werde, wer du sein sollst oder sein möchtest«, sondern etwas ganz anderes, nämlich: Du bist schon da, du entwickelst dich auf deine eigene Weise, und es ist deine Aufgabe, zu dir selbst zu kommen und authentisch zu werden – in deinem ganzen verfügbaren Spektrum. Also, mach dich auf und finde heraus, wer du bist, was du magst und was nicht, was du kannst und was nicht, und was dich zufrieden macht und satt – damit du eines fernen

Tages in Dankbarkeit sterben kannst – und nicht wie Kafkas Hungerkünstler endest, der auf die Frage, warum er denn nicht esse und trinke wie wir alle, nämlich wie jeder normale Mensch – antwortet: »Ich habe die Speise nicht gefunden, die mir gemundet hätte ...«

Nun will ich die gerade entwickelte Denkfigur auf das Thema dieses Buches anwenden: die Männer.

Bei den Männern unserer westlichen Gesellschaften, der deutschen insbesondere, scheint es sich um eine Spezies zu handeln, die irgendwie »gestört« ist – aus der Sicht vieler Frauen, der Gesellschaft und oft genug auch ihrer selbst: So wie sie sind, sollen sie nicht sein; das, was sie können, ist nicht sehr gefragt bzw. das können die Frauen noch besser; was sie mögen, dafür sollten sie sich schämen, und mit dem, was sie tun oder sein sollen, tun sie sich schwer oder fühlen sich dabei nicht wohl in ihrer Haut. Ein Mann zu sein hat zur Zeit fast den Status einer psychischen Störung.

Das ist in mancher Hinsicht überspitzt ausgedrückt, und ganz so schlimm ist es für die meisten Männer nun auch wieder nicht, aber schauen wir genauer hin, dann ist daran schon auch etwas Wahres.

3. Was ist ein Mann?
Oder: Fangen wir bei den ganz Kleinen an

Wenn ein Kind geboren wird, ist es entweder ein Junge oder ein Mädchen – das denkt man sich so! Schon da ist die Sachlage nicht so eindeutig, wie man nach flüchtiger Inspektion der Anatomie annehmen sollte.

Die Geschlechtsorgane bestimmen das *genitale* Geschlecht des Kindes. Man unterscheidet dazu noch das *genetische* Geschlecht, wonach ein Mann ein X- und ein Y-Chromosom hat, eine Frau zwei X-Chromosomen, dann das *gonadische* Geschlecht, nach den Organen, die die Geschlechtshormone produzieren – das sind die Eierstöcke bei der Frau und die Hoden beim Mann. Im täglichen Leben unterscheiden wir Kinder und Erwachsene oft auch nach ihrem *geschlechtstypischen Verhalten* und sagen dann: »typisch männlich – typisch weiblich«, und schließlich ist seit Neuestem auch noch der männliche und der weibliche *Hirntypus* im Gespräch (z. B. Louane Brizendine 2007).

Wenn es eine, wenigstens einigermaßen scharfe Trennung zwischen den Geschlechtern gäbe, anders gesagt, wenn genetisches, genitales, gonadisches, hirnanatomisches bzw. hirnfunktionelles und verhaltensbezogenes Geschlecht übereinstimmen würden oder zumindest hochgradig korreliert wären, dann täten wir uns viel leichter, über Männer und Frauen zu reden, und die oben erwähnten Ratgeber wären in ihrer Dichotomisierung – Männer vom Mars, Frauen von der Venus – zumindest teilweise gerechtfertigt (Gray 1998). Sind sie aber nicht, weil sie weitgehend Klischeebilder transportieren.

Gerechtfertigt sind diese Bücher dennoch, weil sie einen hohen Unterhaltungswert haben und Klischees ja nicht von ungefähr entstanden sind. Aber Vorsicht!

Die Unterschiede *innerhalb* der Geschlechter könnten sich in manchen Hinsichten möglicherweise als größer herausstellen als *zwischen* ihnen – und dann hätten wir wieder einmal überhaupt keinen Anhaltspunkt, wie wir uns jemandem gegenüber verhalten sollen, der wie ein Mann aussieht.

Kehren wir erst einmal zum Ausgangspunkt zurück, zur Geburt. Bereits hier ist die definitive Entscheidung: Mädchen oder Junge, auch nach sorgfältiger Besichtigung der äußeren Geschlechtsmerkmale nicht immer eindeutig. Die Natur erlaubt sich – selten zwar, dann aber besonders belehrend für uns – Experimente. Für die folgenden Erstaunlichkeiten beziehe ich mich auf Baron-Cohen (2004, S. 144 ff.).

Es gibt zum Beispiel genetisch weibliche Kinder (mit zwei X-Chromosomen), die als genital und gonadisch männliche Kinder, also nach Leibesvisitation festgestellte Jungs, auf die Welt kommen. Dass sie »in Wahrheit« Mädchen sind, sieht man ihnen erst einmal nicht an. Dass diese Babys männliche Geschlechtsorgane ausgebildet haben, hängt von der vorgeburtlichen Überproduktion eines testosteronähnlichen Androgens ab, das den Spiegel ihres »Männlichkeitshormons«, d.h. des Androgens, ungewöhnlich ansteigen lässt. Diese Kinder können frühzeitig operiert werden, wobei zeitgleich eine Hormontherapie durchgeführt wird, die den Androgeneinfluss blockiert. Daraufhin verläuft ihre Entwicklung als Mädchen meist ohne Komplikationen. Sie zeigen aber in ihrem Verhalten bzw. ihren Fähigkeiten geschlechtstypische Eigenarten von Jungen: Im Vergleich zu ihren Schwestern oder anderen weiblichen Verwandten haben sie ein deutlich besseres räumliches Vorstellungsvermögen. Sie schneiden bei Tests, bei denen Männer besser abschneiden als Frauen, genauso gut ab wie der Durchschnitt der Jungen und auffallend besser als der Durchschnitt der Mädchen. Sie spielen auch lieber mit Autos als andere von Anfang an »normale« Mädchen.

Kennen wir nicht alle genetisch echte Mädchen oder Frauen, die von sich sagen: »Ich sollte wohl ein Junge werden« – was so viel heißt wie: »Meine Eltern wollten lieber einen Sohn, also haben sie mich wie einen Jungen behandelt, ich bin deshalb auf Bäume geklettert, habe mit den Nachbarsjungen gerangelt, mochte keine Kleider anziehen und habe mich – ihren Wünschen entgegenkommend – wie ein Junge verhalten.« Da ist nicht selten ein Bedauern oder sogar Vorwurf herauszuhören: Ich konnte gar keine »richtige« Frau werden. Letzteres hat was Wahres: Sie konnte vielleicht wirklich nicht, weil ihr vorgeburtlicher Testosteronspiegel es nicht zugelassen hat – also nicht die Eltern –, aber wer weiß das schon? Aber anders gefragt: Was wäre das, eine »richtige« Frau?

Auch die umgekehrte Variante kommt vor. Einige genetisch männliche Babys, also solche mit XY-Chromosomen, kommen mit äußerlich weiblich erscheinenden Geschlechtsmerkmalen auf die Welt, wenn, bzw. weil sie, aufgrund eines genetischen Defektes auf zellulärer Ebene nicht auf Androgene reagieren, die sie gleichwohl produzieren. Sie haben eine Androgenresistenz bzw. eine Androgeninsensitivität. Diese Kinder erhalten Mädchennamen und werden als Mädchen aufgezogen, entwickeln normale Brüste, bekommen aber keine Regelblutung, da ihnen die inneren Geschlechtsorgane fehlen. Deshalb wird diese »Täuschung« der Natur erst in der Pubertät entdeckt. Obwohl solche Verwirrspiele der Natur selten sind, geben sie doch Hinweise darauf, welche vorgeburtlichen Einflüsse dafür sorgen, dass sich ein Kind später als »richtiger« Junge oder als »richtiges« Mädchen erweist oder als etwas dazwischen, das nicht so genau einem Geschlechtertypus zuzuordnen ist.

Die Macht der Hormone

In dem sehr komplex funktionierenden Netzwerk hormoneller Einflüsse hat sich der Testosteronspiegel als ein Schlüssel erwiesen: Je höher der vorgeburtliche Testosteronspiegel war, desto »männlicher« das Kind. Das habe ich jetzt nur so platt geschrieben, weil sich auch daraus wieder einmal erklären würde, dass Mädchen schon biologisch als Mängelwesen anzusehen sind: haben keinen Penis, kein Testosteron, kein räumliches Vorstellungsvermögen usw.

Aber die Physiologie ist nicht so primitiv wie unsere *quantifizierende* Denkweise: Hier machen »weniger« versus »mehr« einen *qualitativen* Unterschied aus: »weniger« bedeutet »anders«, »mehr« auch.

Louane Brizendine (2007), Neurobiologin und Psychiaterin, hat das an einem Beispiel klargemacht. Schon ab der 8. Schwangerschaftswoche werden bei den männlichen Embryonen große Mengen an Testosteron aus den Hoden freigesetzt, die gravierende Hirnveränderungen bzw. irreversible Weichenstellungen in der Hirnentwicklung auslösen. Das Testosteron zerstört – bereits so früh! – Zellen im Kommunikationszentrum des Gehirns, sodass es nicht verwunderlich ist, dass die Mädchen, die davon nicht betroffen sind, später kommunikativ ganz einfach begabter sind. Das können sie gern als eine wichtige weibliche Ressource begreifen und stolz darauf sein – aber nach diesen Erkenntnissen ist das nichts, was sie dann später ihren Ehemännern als deren Defizit vorhalten sollten, wenn diese wenig oder über bestimmte Sachen gar nicht reden (können).

Aber nichtsdestotrotz: Kennen wir nicht auch einige Männer und kleine Jungen mit einer außergewöhnlichen – der Begriff außergewöhnlich ist hier sehr treffend – Eloquenz? Was haben die in der 8. Schwangerschaftswoche getrieben? Darf das sein? Sind das etwa echte Männer? Und: Sind wir berechtigt, sie anderen Jungs als gutes Beispiel vorzuhalten?

Ich will noch für eine kurze Weile bei den biologischen Voraussetzungen der Geschlechtsbildung bleiben, weil vielleicht auch bei meinen Leserinnen und Lesern ein paar fest verankerte Vorurteile angesprochen und, falls möglich, ausgeräumt oder wenigstens abgemildert werden sollten – und weil ich selbst diese relativ neuen Erkenntnisse höchst spannend finde, und nicht zuletzt, weil sie meine eigene, noch zu entwickelnde Argumentationsfigur stützen.

(Wer danach noch mehr darüber wissen möchte, sollte unbedingt das grundlegende, sehr zu empfehlende, weil brillant geschriebene, geistvoll argumentierende und inhaltlich umfassende Buch von Doris Bischof-Köhler: »Von Natur aus anders. Die Psychologie der Geschlechtsunterschiede« lesen.)

Mädchen und Jungen sind schon bei der Geburt durch sowohl männliche als auch weibliche Keimdrüsenhormone geprägt, allerdings in sehr unterschiedlichen Konzentrationen, und wir können davon ausgehen, dass Geschlechtsunterschiede in verschiedenen Denkleistungen und Verhaltensweisen auch auf die Wirkung dieser Hormonmischung zurückgehen.

Schon in den 60er-Jahren des mittlerweile vergangenen Jahrhunderts wurden an verschiedenen Tierarten Untersuchungen angestellt, die zeigten, dass durch die Gabe von Androgenen an genetische Weibchen bestimmte Verhaltensweisen »vermännlicht« werden, je nachdem, zu welchem Zeitpunkt die Androgene verabreicht werden. Während der Fötalentwicklung gegeben, bewirken Androgene bei genetisch weiblichen Ratten die Ausbildung männlicher Genitalien, das Verhalten bleibt jedoch unverändert. Gibt man ihnen Androgene innerhalb von 10 Tagen nach der Geburt, ändert sich an der Anatomie nichts, aber ihr Verhalten wird maskulinisiert.

Auch bei Rhesusaffen geschieht Nämliches. Die so behandelten Affenmädchen zeigten eine Vorliebe für wilde Spiele, sie rauften gern, drohten häufiger und versuchten, andere zu dominieren. Sie nahmen während der Sexualspiele, die bei dieser Tierart schon in der Kindheit auftreten, die typisch männliche Haltung ein. Die Hormonproduktion folgte dann aber bei diesen Weibchen, wenn sie herangewachsen waren, weiterhin dem weiblichen Zyklus (Bischof-Köhler 2006, S. 185).

Ich erinnere mich in diesem Zusammenhang an eine Geschichte, die mir die Mutter eines kleinen Jungen erzählt hat. Als dieser Junge so etwa im Alter von zwei Jahren wegen eines Hodenhochstands operiert wurde, bekam er anschließend eine Zeit lang eine Androgenbehandlung – wobei sich sein Verhalten sehr »auffällig« veränderte. Er benahm sich wie ein ausgewachsener Affenmann: schlug sich auf Brust und Schenkel und stieß tiefe Brüll-Laute aus, und wenn seine kleine Freundin zu Besuch war, legte er sie auf den Rücken, schmiss sich auf sie und machte auf ihr eindeutige Bewegungen – was die umherstehenden Mütter zum Lachen brachte, aber doch auch nicht wenig irritierte. Zum Glück für alle Beteiligten verschwand dieses seltsame Gebaren mit dem Absetzen des Medikaments vollständig.

Fötale Androgenisierung kommt bei Menschen in unterschiedlichen Kontexten vor. Zum Beispiel wurden, während einer ziemlich langen Zeitperiode, Tausenden werdender Mütter, bei denen ein Schwangerschaftsabbruch drohte, künstlich synthetisierte Gestagene verabreicht, die ähnlich wie Progesteron wirkten und den Fötus in der Gebärmutter hielten. Diese Gestagene, wenn sie auf der Basis von Androgenen hergestellt waren, wirkten allerdings als Nebeneffekt androgenisierend.

In der geschlechtlichen Entwicklung der danach geborenen Mädchen gab es keine Störungen, die Ovarien arbeiteten in der Pubertät normal. Hingegen zeigten sich in der Verhaltensentwicklung der Kinder deutliche Vorlieben, Fähigkeiten und Verhaltensweisen in die männliche Richtung, weshalb Erhardt (1980) hier von »Wildfangverhalten« spricht. Die fötal androgenisierten Mädchen hatten eine Vorliebe für Jungenspielzeug und machten sich dagegen nichts aus Puppen. Sie fanden Jungenkleidung »praktischer«, weshalb sie lieber Hosen als Kleider anzogen. Sie hatten ein ausgeprägtes Interesse an körperlicher Aktivität und Sport und bevorzugten Jungen als Spielpartner. Als erwachsene Frauen hatten sie ein stärkeres Interesse an ihrer beruflichen Karriere als an der Gründung einer Familie und interessierten sich weniger für Säuglinge und kleine Kinder. Erhard (1980) fasst die relative »Vermännlichung« dieser Mädchen und Frauen als eine Zunahme wettbewerbsorientierter Vorlieben auf, die Bischof-Köhler als »assertives«

Verhalten kennzeichnet, was eher als Durchsetzungsfähigkeit denn als Aggressivität zu verstehen ist.

In einer Untersuchung von Reinisch (1981) ging es um die Frage, ob Personen mit pränatalen Hormoneinflüssen von synthetischem Progestin auf Androgenbasis wegen Schwangerschaftsproblemen später in Konfliktsituationen mit einem eher männlichen Verhaltensstil reagierten. Als Kontrollgruppe dienten männliche und weibliche Geschwister – wobei keiner der Beteiligten, auch nicht die Untersucher, wusste, um welche Fragestellung es in der Studie ging. Die hormonbehandelten Mädchen kamen in ihrer Bereitschaft, sich physisch durchzusetzen, den Jungen der Kontrollgruppe gleich, die hormonbehandelten Jungen übertrafen diese deutlich. Bezüglich verbaler Aggression unterschieden sich die beiden Gruppen jedoch nicht. Da die Mädchen dieser Studie äußerlich völlig unauffällig waren und da erhöhte physische Assertivität nicht in das weibliche Rollenklischee passt, können die Ergebnisse, was das Verhalten der hormonbehandelten Mädchen betrifft, nicht mit sozialer Erwünschtheit erklärt werden. In dem oben empfohlenen Buch von Doris Köhler-Bischof finden sich noch zahlreiche Hinweise in die gleiche Richtung, die wegen ihrer Komplexität und Differenziertheit hier nicht berichtet werden, die aber keinen Zweifel daran lassen, dass schon vor der Geburt und ebenso direkt danach viele Weichen gestellt sind, die die spätere Geschlechtsidentität bereits geprägt haben.

Eines amüsanten Aperçus kann ich mich, auch wenn diese Ergebnisse und ihre Folgen noch mit dem gebotenen Ernst zu erörtern sein werden, nicht enthalten: Wer hätte gedacht, dass gerade die Pharmaindustrie und ihre vermutlich meist männlichen Chemiker in einer ganzen Generation von Frauen nicht wenige Individuen »produziert« haben, die sie im Zuge der Gleichberechtigung und des Feminismus von ihren angestammten männlichen Positionen assertiv und competitiv verdrängen würden. Denn die schon sehr früh angelegten kommunikativen Kompetenzen der Mädchen werden ja durch die in der späteren Schwangerschaft hinzukommende, gewissermaßen »künstlich« erzeugte Durchsetzungsfähigkeit nicht beeinträchtigt, und beides führt dann natürlich zu einer deutlichen Überlegenheit dieser »Mischwesen«. Man könnte ja noch ein bisschen weiter spekulieren: Vielleicht gehören die derzeitig viel gescholtenen gebärunwilligen Frauen auch zu dieser Kohorte, die lieber im Beruf erfolgreich sein will und beim Anblick eines Babys keinen sehnsüchtigen Glanz in den Augen bekommt. Da erscheint es fraglich, ob Elterngeld und Kitas da etwas ausrichten können. Aber, wie gesagt, das ist alles nur frivole Spekulation!

Anlage versus Umwelt, oder: Sozialisation einmal anders betrachtet

Was die Fortpflanzung betrifft, so hat die Natur sich (fast) immer disjunktiv entschieden: Mann oder Frau! Mischformen, die sich nicht fortpflanzen können, unterliegen einem hohen Selektionsdruck und sind eher selten. In diesem Fall kann man mit Fug und Recht von »Anlage« sprechen. Die Frage: Anlage oder Umwelt? ging aber bisher oft von falschen Vorstellungen aus: Man sah sich an, was bei der Geburt da war, sagte: das ist genetisch und meinte damit: nicht veränderbar.

Darin steckt mehr als *ein* Irrtum. Was die Gene betrifft, so ist die hoch gefeierte Entschlüsselung des Genoms weit weniger wichtig und interessant, als viele meinen. Gene sind Moleküle – und ob sie an- oder abgeschaltet werden und dabei Wirkung entfalten, hängt von Umweltbedingungen ab, und dies wiederum ein ganzes Leben lang (siehe dazu Joachim Bauer 2004). Die Gene sind so etwas wie die unterliegende Folie aller Möglichkeiten, die ein Individuum zu realisieren in der Lage ist – wenn und nur wenn dafür die entsprechenden Umweltbedingungen vorhanden sind. Was Umwelt ist oder sein kann, was wir als relevante Umweltbedingungen ansehen sollten, wird uns im Folgenden beschäftigen.

Nun findet aber, wie wir soeben gesehen haben, schon vorgeburtlich mehr »Umwelt« statt, als man gemeinhin annimmt bzw. bisher wusste. Damit Sie es mir auch wirklich glauben, zitiere ich hier: »Im Falle der geschlechtlichen Differenzierung entstehen nur die Hoden unter unmittelbarem genetischen Einfluss, für alles Übrige ist das hormonelle Milieu ausschlaggebend, in dem sich die morphologische Struktur entwickelt, und dieses Milieu vermag nun seinerseits die Entwicklung in bestimmte Richtungen zu kanalisieren und dabei unter Umständen sogar dem genetischen Programm zuwiderlaufen.« (Bischof-Köhler 2006, S. 181)

Aber auch ohne die seltenen zuwiderlaufenden Einflüsse, also normalerweise, wird sowohl das morphologische Geschlecht, also die äußeren Geschlechtsmerkmale, als auch die geschlechtsspezifische Entwicklung des Gehirns – gewissermaßen das zerebrale Geschlecht – von Hormonwirkungen gesteuert. Männer und Frauen benutzen ihr Gehirn auf unterschiedliche Weise, bzw. es werden unterschiedliche Hirnregionen aktiv für die »gleichen« Aufgaben, bei denen dann aber doch etwas anderes herauskommt (siehe auch Kimura D. 1992). Heute kann man derlei leicht mit der funktionellen Magnetresonanztomografie (fMRT) bzw. bei der Computertomografie (CT) feststellen. Wie oben schon gesagt, ist der Hypothalamus darauf programmiert, die »passende« Dosis von Hormonen zu produzieren – Androgene u. a., für ein männliches Baby mehr, für ein weibliches Baby weniger. Auch im späteren Leben noch wird der Testosteronspiegel im Blut vom Hypothalamus kontrolliert, der darüber entscheidet, wie »männlich« sich jemand – ich sage hier absichtlich nicht: ein Mann – zum Beispiel in Gegenwart eines attraktiven Sexualpartners benimmt.

Aber kehren wir zurück zum Zeitpunkt um die Geburt herum: Die Hormonproduktion ist zu diesem Zeitpunkt schon gewissermaßen abgeschlossen und wird – bei den Jungen erst nach etwa einem halben Jahr, bei den Mädchen sofort – für die gesamte Kindheit blockiert. Dann sind Keimdrüsenhormone im Organismus der Kinder praktisch nicht vorhanden. Jungen haben aber nach diesem halben Jahr schon 30 % der Testosteronkonzentration eines erwachsenen Mannes im Blut! Wie das mit den kleinen Jungs weitergeht, werden wir uns noch anzusehen haben.

Zunächst aber will ich einen anderen Gedankengang öffnen.

Wie Sie sicher schon gemerkt haben, habe ich, anders als die meisten Bücher, die zu diesen Themen geschrieben wurden, nicht mit den »sichtbaren« und deshalb wohlbekannten Verhaltensunterschieden zwischen Mädchen und Jungen angefangen, sondern mit deren biologischen Grundlagen. Das wird die Sozialisationstheoretiker vermutlich in Harnisch bringen. Sie nämlich zeigen verhaltenstypische Geschlechtsdifferenzen auf und stellen dann die »Warum«-Frage, die aus der Sicht der Verfechter der Umwelt- bzw. Sozialisationshypothese so zu beantworten wäre: Für die feststellbaren geschlechtsdifferenten Verhaltensweisen sind gesellschaftliche und zeitgeistgesteuerte, insbesondere aber erzieherische Einflüsse ursächlich verantwortlich – und daran lässt sich, wenn die Verantwortlichen bzw. die Schuldigen, das nur einsehen wollten, etwas ändern. Die peinliche Implikation dieser Sichtweise für die Eltern und ihre Kinder liegt darin, dass ihnen, wenn sie feststellen, dass manches an ihren Kindern nicht richtig bzw. nicht recht und somit änderungsbedürftig ist, zugemutet werden kann, es zu ändern. Dann müssen sie eben ordentlich an ihren Kindern arbeiten! Sogar für Erwachsene gilt das! Nicht wenige meiner Patienten – ich behandle nur solche mit psychosomatischen Störungen – kommen in die Therapie mit dem Ziel, sich zu ändern. Ich frage mich immer wieder, wie jemand auf so eine Idee kommt. Ich frage dann zurück, ob es nicht besser wäre, erst einmal zu sich selbst zu kommen, danach könnten wir weitersehen.

Meinen Ausgangspunkt von der Biologie her begründe ich mit zwei Argumenten: *Bevor* noch ein Individuum geboren ist, also *bevor* es irgendwelchen erzieherischen und anderen Umwelteinflüssen ausgesetzt wurde, entwickeln sich auf der Grundlage von intrauterinen Umwelteinflüssen bereits Geschlechtsunterschiede, die als Prädisposition für unterschiedliches Verhalten angesehen werden müssen. Dieses zeitliche Argument ist an sich trivial und auch nicht dadurch abzuwehren, dass man nun anfangen könnte, vorgeburtliche Erziehungsmaßnahmen anzuwenden – obwohl ich mich durchaus dazu überreden lassen würde, der kontinuierlichen pränatalen Beschallung mit Mozart und Bach einen besänftigenden Einfluss zuzuschreiben.

Folgt man allerdings dem biologischen Argument, für das es, wie oben dargestellt, mittlerweile eine Fülle von Beweisen gibt, dann kann man daraus verschiedene Schlüsse ziehen, z. B. für die (früh)kindliche Erziehung – die Schlüsse für die Partnerbeziehung erörtere ich später –, während sich andere Schlüsse bzw. Möglichkeiten ausschließen. Ich erörtere sie aber trotzdem, weil sie im Bereich des Möglichen sind, und, wie wir inzwischen gelernt haben: Was möglich ist, wird auch gemacht.

Was sich nach wissenschaftlicher Befundlage ausschließt, ist, wie schon gesagt, die Überbetonung der Sozialisation bei gleichzeitiger Marginalisierung der »Anlage«-Faktoren mit dem Hinweis, dass man dazu nichts sagen könne, weil zu wenig erforscht. Abgesehen davon, dass manche Fachgruppen die Forschungsergebnisse anderer Fachgruppen nicht ausreichend differenziert zur Kenntnis nehmen, weil sie sie nicht verstehen, denn die Fachsprachen sind nicht leicht zu rezipieren, ist dieses Argument nicht nur aus diesem Grunde unredlich. Vom wissenschaftstheoretischen Standpunkt kann man keine Nicht-Aussagen vorbringen, nur, weil man über den »Gegenstand« nichts weiß. Selbstverständlich darf ein Chirurg sagen: »Ich habe schon Tausende von Menschen aufgeschnitten und noch nie eine Seele gesehen« – was soweit sicher stimmt. Die Folgerung, also gibt es Seelen nicht, ist unzulässig. Reduktionisten jeglicher Couleur haben immer wieder solche Argumentationsfiguren benutzt – und tun es zuweilen immer noch –, wir sind nicht gezwungen, ihnen zu folgen.

Da wir jedoch über die biologischen Grundlagen unseres Verhaltens – zwar immer noch wenig – aber immerhin so viel wissen, dass wir die Anlage-Umwelt-Debatte neu pointieren können und sollten, eröffnen sich einige andere Perspektiven, die ich, weil machbar, leider für möglich halte.

Anhänger der Vision einer »schönen neuen Welt« möchte ich anregen, einmal darüber nachzudenken, ob man nicht vielleicht die vorgeburtliche Amnioszentese (Fruchtwasseruntersuchung), aus der man, wie oben angemerkt, den Testosteronspiegel ablesen kann – und zwar leicht und preiswert! –, nun nicht generell und verpflichtend einführen sollte. Dann könnte man doch mittels Hormongaben, zumindest annähernd, die Anzahl der sehr männlichen, mittelmäßig männlichen und eher femininen Jungen und Mädchen steuern – entsprechend der zu erwartenden wirtschaftlichen Entwicklung. Das würde natürlich ziemlich langfristige Prognosen erfordern – zum Beispiel bezüglich der demografischen Entwicklung, also wie viele männliche Erzieher in Kindergärten und den derzeit verschärft geplanten Kindertagesstätten gebraucht werden. Hier müssten wir allerdings sorgfältig überlegen, ob diese Erzieher eher als »männliche« Vorbilder oder lieber als weiche, freundliche, empathische Mütter-Väter erwünscht wären.

Auch, wie viele (sehr) männliche Automechaniker(innen) oder Formel-Eins-Pilotinnen erforderlich sein werden oder ob diese Berufsbilder vielleicht nicht besser mit »richtigen« Frauen besser besetzt wären. Auch, ob ein Kriegseinsatz geplant oder zu erwarten ist und ob man für einen solchen herkömmlicherweise viele Männer braucht – und so weiter.

Auf die dabei aufkommende Wertediskussion dürfte man gespannt sein, besonders wenn daran Frauen beteiligt wären, wovon ich definitiv ausgehe, denn schließlich handelt es sich ja um *ihr* Fruchtwasser. Möglicherweise würden manche Frauen den Testosteronspiegel ihrer fötalen Töchter erhöhen wollen, damit diese, aufgrund ihres dann zu erwartenden durchsetzungsfähigen Verhaltens, eine bessere Chance in der Konkurrenz mit den Jungen hätten. Ich lasse jetzt aber davon ab, meiner Fantasie weitere solcher manipulativen Möglichkeiten zu gestatten, die einen zur Zeit noch absurd anmuten, aber: Warten wir's ab!

Auch ohne Manipulationsabsichten wird es vermutlich dazu kommen, dass werdende Eltern aus dem Testosteronspiegel herauslesen wollen, *wie* männlich oder *wie* weiblich das zu erwartende Kind nun sein wird, damit man sich, was z. B. die Art der Spielzeuge, aber auch, was die frühzeitige Anmeldung in der passenden Schule beträfe, schon mal vorbereiten kann.

Ein ganz anderer Schluss, den wir aus der dargestellten Sachlage ziehen könnten, wäre der, die Sozialisationsanstrengungen zu verschärfen, um dem »gender-mainstreaming« zuzuarbeiten. Also, hinarbeiten auf eine Gleichheit, die von der Natur – die ja, wie wir wissen, völlig bewusstlos, also dumm ist – leider so noch nicht vorgesehen ist. Und weil sich ja die Erfordernisse unserer Gesellschaften viel, viel schneller entwickeln und die Natur mit ihrem langsamen Atem überhaupt nicht hinterherkommt.

Ich meine damit nicht die Koedukation – die ich während der Pubertät aussetzen würde –, auch nicht die gleichartige Förderung von Mädchen und Jungen in gesellschaftlich erforderlichen Kompetenzen, zum Beispiel Nähen, Kochen und Mülleimer-Hinaustragen auch für die Jungs. Obwohl ich mich schon seit Jahren frage, was sich hinter der leidlich banalen Mülleimerdebatte im Rahmen des Geschlechterkampfes verbirgt. Sicher etwas, das sich tiefenpsychologisch deuten lässt.

Nein, ich meine damit den Versuch, durch Erziehung und schulischen Unterricht die natürliche Variationsbreite unter den Kindern zu nivellieren, um größere »Gleichheit« herzustellen. Etwas in der Art wird seit Neuestem von Elisabeth Badinter (2005) gefordert und findet zurzeit in der gesellschaftlichen Bildungsdiskussion schon statt, wenn mit guter Absicht aus der impliziten Annahme von Gleichheit Gleichberechtigung, Chancengleichheit, Gleichbehandlung eine Geschlechtergerechtigkeit begründet werden soll. Gleichheit besteht aber nur aufgrund des gemeinsamen Menschseins und der Menschenrechte. Aufgrund derer kann bzw. muss man auch Geschlechtergerechtigkeit durchsetzen. Wegen der Individualität und Differenzialität von noch gar nicht Geborenen, von kleinen Kindern, von Jungen und Mädchen, von Männern und Frauen würde Gleichbehandlung sich gerade kontraproduktiv mit Hinblick auf Geschlechtergerechtigkeit auswirken: Sie brauchen unterschiedliche Umgebungsbedingungen, um sich gut entwickeln zu können.

Was die Kindererziehung betrifft, so wäre Gleichbehandlung aus meiner Sicht eine sehr effektive Anleitung zum Unglücklichsein – zumindest für jene, die in den Extrembereichen der Gauß'schen Verteilungskurve angesiedelt sind –, also den, von Natur aus, sehr männlichen und den sehr weiblichen Individuen. Wie ich vermute, würden zumindest bei ihnen die psychischen, insbesondere die psychosomatischen, Störungen zunehmen.

Das muss ich erklären: Aus meiner Sicht bleiben Menschen psychisch und psychosomatisch gesund und leistungsfähig, wenn sie die Möglichkeit haben, in wichtigen Bereichen ihres Daseins – ich meine damit nicht nur und nicht in erster Linie die äußeren Lebensbedingungen – so zu leben, wie es ihrem »Naturell« entspricht. Als Kinder und in ihren jungen und mittleren Jahren sind zwar viele Menschen willens und in der Lage, das zu tun, was man – in der Familie, der Gesellschaft, der Kultur und unter übergeordneten, z. B. religiösen und familiären, Normen – für richtig hält und von ihnen verlangt. Bei sensiblen Menschen funktioniert das in der Regel nicht so gut wie bei den Robusten. Aber auch Letztere werden später, spätestens im Übergang zum Alter, meistens von ihrem eigenen ungelebten Leben, das sie der Anpassung geopfert haben, eingeholt. Die Ausgewogenheit zwischen dem Eigenen und dem gesellschaftlich Geschuldeten ist ein Desiderat, auf das immer mal wieder – besonders aber im Kindesalter – geachtet werden sollte.

Mein eigenes Argument für die Anerkennung und Würdigung der differenziellen Biologie ist deshalb folgendes: Wenn ein Mensch mit einem bestimmten Naturell auf die Welt kommt, wenn wir also annehmen (müssen), dass das Neugeborene schon alles, was es je werden kann, in sich trägt, dass die Umwelt (nur) dafür sorgen muss, dass es sich »entfalten« kann, zu seiner vollen Pracht gewissermaßen, dann wäre die nähere – z. B. familiäre – und fernere – z. B. gesellschaftliche – Umwelt dazu da, Bedingungen bereitzustellen, die diesem Wesen seine *eigene* Entfaltung ermöglichen, vielleicht sogar erleichtern und befördern.

Für dieses Argument gibt es einen, wie mir scheint, weitreichenden und von vielen gescheiten Leuten geteilten Konsens, besonders unter Eltern, die in der Lage sind, ihre Kinder in deren Verschiedenartigkeit zu sehen und zu fördern. Auch in den Konzepten der humanistischen Psychologie zum Beispiel, die, wenn es um Wachstum und Entfaltung geht, eine Analogie zwischen Pflanzen, anderen Lebewesen und dem Menschen herstellt, was ja so falsch nicht ist. Außer natürlich, wenn es sich um Unkraut handelt, das das ohnmächtige Kraut vom Acker verdrängt, oder um Raubtiere, die Nutztiere einfach auffressen, wenn sie Hunger haben, oder um aggressive Vergewaltiger, die Frauen überfallen, wenn sie ihren sexuellen Hunger nicht zügeln können. Wir gehen jetzt der Einfachheit halber mal davon aus, dass Unkraut, Raubtiere und Vergewaltiger allesamt männlichen Geschlechts sind.

Ich gebe aber zu bedenken: Wenn ein Mensch geboren wird, sieht man ihm – anders als bei einer Pflanze – noch nicht so schnell an, was aus ihm werden soll. Man muss schon eine Weile hinschauen und abwarten, wie ein Kind sich entwickelt, was es für Eigenschaften, Vorlieben und Talente mitbringt, und es erst einmal annehmen – wenn möglich, sogar lieb haben –, so wie es ist. Und da wird sich allmählich zeigen, ob es eher ein Junge oder ein Mädchen werden soll und welche männlichen *und* weiblichen Ressourcen es mitbringt.

Woher soll man aber wissen, welche Ressourcen ein Kind »hat«? Man weiß es nicht! Es wird sich »zeigen«, zum Vorschein kommen, wenn man es nicht verhindert bzw. wenn man es zulässt und befördert.

Das würde bedeuten, immer mal wieder den schönen Ratschlag von Khalil Gibran (1973) zu beherzigen:

> »Eure Kinder sind nicht eure Kinder.
> Sie sind die Söhne und Töchter der Sehnsucht des Lebens nach sich selbst.
> Sie kommen durch euch, aber nicht von euch.
> Und obwohl sie mit euch sind, gehören sie euch doch nicht.
> Ihr dürft ihnen eure Liebe geben, aber nicht eure Gedanken,
> denn sie haben ihre eigenen Gedanken.
> Ihr dürft ihren Körpern ein Haus geben, aber nicht ihren Seelen ...«

Das meint aber auch, dass man Kinder in Empfang nehmen sollte wie ein Geschenk und sie anschauen wie willkommene »Fremdlinge«: neugierig, respektvoll, erwartungsvoll, wer das wohl ist, der/die da zu einem gekommen ist. Das schließt nicht aus, nach einer Weile festzustellen: Dies oder das hat sie von Tante Doris, aber die Nase hat er vom Papa geerbt.

Aber die Kombination und Interaktion all der mitgebrachten Möglichkeiten, die in einem Neugeborenen stecken und auf Entfaltung warten, können wir weder sehen noch voraussehen. Da zusätzlich noch die Entfaltungsdynamik in der Zeit – und nicht nur bis zum Erwachsenenalter – hinzukommt, über die wir nicht einmal theoretisch etwas denken können, müsste uns eigentlich hier schon klar sein, dass viele unserer Steuerungsanstrengungen ins Leere laufen müssen, falls sie nicht direkt zu »Verbiegungen« führen – ich denke da zum Beispiel an Spalierobst. Dieses trägt, wie jeder Obstbauer weiß, die besten und größten Früchte und ist deshalb zu einer Metapher für gelungene Erziehungsdisziplin geworden. Nach dem Selbstbild und Lebensgefühl eines solchen Obstbaumes haben wir natürlich nie gefragt – wie auch?

Nun stellt sich aber doch folgende Frage:

Was kann oder sollte unter solchen Voraussetzungen Sozialisation überhaupt leisten?

Wenn, wie gesagt, bereits vor, während und sogleich nach der Geburt eines Kindes die Auseinandersetzung mit der Um-Welt stattfindet, glaubt da noch irgendwer, dass es sich dabei vordringlich um Erziehungseinflüsse der Eltern oder andere Bezugspersonen handelt? Und wer erzieht da wen? Es gibt genügend Hinweise, dass aufmerksame Väter und Mütter und andere Bezugspersonen viel mehr auf das Kind reagieren, als dass sie dem Kind ihre eigenen Reaktionen

»aufdrücken«. Was dabei herauskommt, wenn sie das dennoch tun, weil sie vielleicht gar nicht anders können – haben es selbst nicht erlebt und nicht gelernt –, ist fatal.

Ich kann es aber an dieser Stelle nicht vermeiden, noch einen anderen Gedankengang anzuzetteln. Ich habe den Eindruck, dass uns mittlerweile die Vorstellung abhanden gekommen ist, dass der Mensch neben dem, was er schon mitbringt, und dem, was er tut und andere an ihm tun, auch ein Schicksal – vielleicht auch eine Bestimmung – haben könnte. Also all das, was ihm widerfährt, ihm zustößt, begegnet – besonders auch, welche Menschen ihm begegnen im Guten wie im Bösen.

In den Märchen erscheinen deshalb als Symbolfiguren des Schicksals sogleich an der Wiege die guten und bösen Feen, vor denen wir unsere Kinder nicht bewahren können. In den alten Mythen sind es die Weissagungen, denen trotz aller Vorsichtsmaßnahmen nicht zu entgehen war – und ist.

Ich breite all diese Überlegungen nicht vor Ihnen aus, um Sie ratlos und hilflos zu stimmen und all Ihre Bemühungen für obsolet zu erklären. Sondern, um den Ausgangspunkt in seiner ganzen Komplexität und wunderbaren Unverstehbarkeit zu beleuchten, auf dass die Hybris der Machbarkeit ein wenig in den Hintergrund gerate und stattdessen der Respekt entstehe vor dem, was von Geburt an schon da ist und was daraus entstehen könnte, wenn man nur nicht zu viel dazwischenfunken würde.

Schreiten wir deshalb, ausgehend von der Geburt, tapfer voran und betreiben wir dabei ein wenig Verhaltensbeobachtung.

4. Ein »richtiger« Junge, oder: Wie sind und was tun die kleinen Jungs?

Schon am ersten Tag nach ihrer Geburt sind Jungen anders als Mädchen und verhalten sich unterschiedlich, wenn man zum Beispiel beobachtet, was sie beobachten.

Es wird behauptet, sie unterschieden sich schon von Anfang an im Hinblick auf ihr Interesse an Gegenständen oder Gesichtern. Und in der Tat: Baron-Cohen (2004, S. 85) berichtet über eine eigene Studie an 100 Kindern, die gerade mal einen Tag alt waren. Ihnen wurde ein Mobile gezeigt – ein Ball, der mit Teilen eines fotografierten Gesichts und einigen herabbaumelnden Sachen beklebt war und sich bewegen ließ. Sie bekamen auch ein echtes Gesicht zu sehen, das sich lächelnd über sie beugte. Die Mädchen schauten länger das menschliche Gesicht an, die Jungen länger das Mobile. Mit einjährigen Kindern wurde eine Verhaltensbeobachtung durchgeführt mit der Frage, wie lang innerhalb von 20 Minuten die Kinder das Gesicht ihrer Mutter ansahen: das taten die Mädchen signifikant länger als die Jungen – und dieses Wahrnehmungsmuster bleibt ein ganzes Leben lang erhalten. So zeigen Frauen mehr »Ausdauer« beim Anlächeln anderer Leute und halten länger Blickkontakt als Männer – dass dieser Unterschied im Wahrnehmungsinteresse schon gleich nach der Geburt zu sehen ist, deutet darauf hin, dass hier ein biologischer Faktor mitspielt (Hall 1978).

Verwechseln Sie aber nicht wahrnehmen mit beobachten! Beim »Beobachten« im Sinne von Registrieren, Zählen,

Messen, Analysieren sind Jungs und Männer besser. Man kann nämlich auch ein menschliches Gesicht ansehen wie einen Gegenstand – dann wird man allerdings nicht wahrnehmen, welche Gefühle es ausdrückt und wie sich die Seele in ihm spiegelt.

Was ein »echter« Junge ist, merkt man sehr schnell: Schon in ihrem ersten Lebensjahr bevorzugen sie Autos, Eisenbahnen, technische Spielsachen, sie rangeln und kämpfen, und schon ganz früh kommt es ihnen darauf an, wer der Stärkste und wer der Anführer ist – es wird konkurriert, und zwar offen und explizit. Die Mädchen konkurrieren natürlich auch, aber eher indirekt – was heißt, eher hintenherum, zum Beispiel durch Flüstern und Auslachen, weshalb schon die ganz kleinen Buben den Eindruck haben könnten, dass den Mädchen nicht zu trauen ist. Es könnte ja sein, dass die Mädchen über einen Jungen tuscheln, was allerdings meist nicht der Fall ist, weil sie sich in diesem Alter überhaupt nicht für Jungs interessieren. Aber dieser Vorbehalt gegenüber vertraulichen Gesprächen unter Frauen begleitet bzw. stört die Männer bis ins Erwachsenenalter.

Obwohl, wie oben schon erwähnt, in der Kindheit die Hormone schweigen – bei den Jungen fangen sie mit ihrer Schweigsamkeit etwas später an, erst nach einem halben Jahr –, sind die Geschlechterunterschiede bereits sehr deutlich oder eben auch nicht, wenn ich an das oben beschriebene »Wildfangverhalten« von Mädchen oder die pränatale Feminisierung von Jungen erinnere. Wenn man Letzteres, also die angeborene Spielbreite zwischen typisch männlich und typisch weiblich, nicht bedenken würde, könnten so manche Eltern, Mütter zumal, mit Stolz auf die Ergebnisse ihrer eigenen Erziehungsbemühungen blicken, wenn ihr kleiner Sohn nun keineswegs bei diesem – manchmal doch etwas doofen – Getue der anderen kleinen Macker mitmacht. Während deren Mütter wiederum auf die kleinen Sanften mit gewissem Neid oder sogar typischem Insuffizienzgefühl schauen – wie haben deren Mütter das nur hingekriegt? Ich kenne einen solchen Jungen seit seiner Geburt. Seine Mutter, die einen sehr schweigsamen und oft auch abwesenden Mann hat – »hat« ihn ja eigentlich nicht –, hatte nun diesen gesprächigen und weichen kleinen Sohn, der ihr sehr am Herzen lag, zumal er im Kindergarten und in der Schule oft von den anderen Jungs gehänselt und zum Weinen gebracht wurde. Was wiederum seinen Vater auf die Palme brachte, gegen seinen Sohn wohlgemerkt, der auch gar nicht sportlich sein wollte und zu allem Elend auch noch dick wurde, weil ihn seine Mutter zum Trost für all das Ungemach gut fütterte. Er lernte nicht gut, entwickelte eine Sprechstörung, Lese- und Rechtschreibschwäche und Schulbauchweh – wie es eben so kommt, und das war wirklich keine leichte Kindheit für ihn. Nun aber die andere Seite: Dieser Junge war ein Konstrukteur, und wenn man ihm ermöglichte zu konstruieren, fühlte er sich gut und war zufrieden. Gottlob hatten seine Eltern ein großes Haus, das in Ermangelung einer großen Familie weitläufig unbewohnt war – bis der Sohn es in Besitz nahm: Er verkabelte es von unten bis oben, elektrisch, telefonisch, computerisch, internettistisch, und konnte so mehrere Terrarien für Schildkröten, diverse Lurche und Spinnen fernbeheizen und -befüttern. Er konstruierte und programmierte Bewässerungssysteme für den Garten, verdiente sich einiges zu seinem Taschengeld hinzu, indem er die Nachbarinnen bei allen möglichen technischen Angelegenheiten unterstützte. So gelangte er schließlich mit seinem 14. Lebensjahr in ein spezialisiertes Gymnasium für Technik und Informatik – die Geschichte spielt im Norden Italiens, wo man für Schüler dieses Alters zwischen vielen hochspezialisierten Schulen wählen kann –, wurde ein guter Schüler, indem er seine Sprech-Lese-Schreibschwäche vergaß, vergaß auch das Essen, wurde schlank, schön und zufrieden und von den Mädchen beachtet. Hatte einen einzigen sehr guten Freund, was für dieses Alter ausreicht – und begann auf seinen Vater herabzublicken, der immer noch, braun gebrannt, viel Sport trieb, seinen Sohn gewohnheitsmäßig links liegen ließ und auch heute noch dem Wunsch nachhängt, dass er doch gern einen »richtigen« Jungen gehabt hätte, und wenn schon nicht, dann doch lieber gleich ein Mädchen.

Kämpfe müssen sein

Und was treiben die »richtigen« Jungs währenddessen? Als mein Adoptivsohn in die dritte Klasse der Grundschule ging, hatte er eine sehr kluge Klassenlehrerin. Sie erklärte den versammelten Eltern, die sich schon des Öfteren gewundert hatten, warum ihre Söhne mit so staubigen Hosen aus der Schule heimkamen: Es sei durchaus in ihrem Sinn, dass die Jungs in den kleinen Pausen immer »kämpften«, wobei sie sich auf dem Boden wälzten. Sie würde dann mit Absicht eine Weile weggehen, damit sie miteinander rangeln konnten, denn »eigentlich« dürfe sie das nicht unterstützen, es gebe übergeordnete Richtlinien – deswegen stehe auch immer eines der Mädchen an der Tür Schmiere, um sofort zu vermelden, sobald sie den Flur herunterkäme. Offiziell wisse sie nämlich nichts von den Kämpfen der Jungs. Gleichzeitig war diese Lehrerin des Lobes voll über das Sozialverhalten der Kinder, auch der Jungen, und die freundliche Stimmung in dieser Klasse. Ich vermute mal, dass das eine mit dem anderen zusammenhing, sie selbst vermutete das auch. Ich kenne nur fünf bis sechs Jungs aus dieser Klasse näher, aber ich habe selten eine so friedliche und vergnügte Clique gesehen, die sich auch noch später mit so viel Spaß als Sumo-Ringer, Kriegsgegner, Boxkämpfer und Bankräuber aufgespielt haben, jeweils natürlich in passender Verkleidung bzw. Vermummung. Wenn eine beliebige Pazifistin an meinem Garten vorbeiging, wo sich die kriegerischen Auseinandersetzungen häufig abspielten, konnte sich so manche der expliziten Missbilligung nicht enthalten.

Letzthin erzählte mir ein erwachsener Arzt von immerhin 42 Jahren, dass er sich einmal in der Woche – leider nicht öfter – zur Mittagszeit mit Freunden zum Handballspielen treffe. »Da sollten Sie mal sehen, was da abgeht, echt aggressiv!, da muss man richtig aufpassen, dass die Jugendlichen, die nach uns in die Halle kommen, das nicht mitkriegen.« Voilà!

Ich würde gern ein Experiment vorschlagen: Dabei würde mich interessieren, wie es sich auf die Rate von Hyperaktivität bei den Jungen – ADHS (Aufmerksamkeitsdefizit- und Hyperaktivitätssyndrom) betrifft vor allem Jungs – auswirken würde, wenn man allen Jungs von Anfang an, zwischen den schulischen Lerneinheiten bzw. ihren kognitiven Tätigkeiten, genügend Gelegenheit zum Kämpfen bzw. zum körperlichen (nicht nur virtuellen!) Ausagieren böte. Ihnen also erlauben würde, das zu tun, was sie ohnehin am liebsten tun: sich balgen. Das müssten dann auch nicht alle Jungs tun, sondern nur die, die danach ein Bedürfnis haben, und dazu vielleicht noch ein paar »jungenhafte« Mädchen. Die anderen könnten währenddessen ihre sozialen Kontakte pflegen – was die Jungs mit ihren Kämpfen ja auch tun –, weil zum Schmierestehen ja immer nur *ein* Mädchen gebraucht wird.

Wenn die kleinen Jungs kämpfen, dann eher körperlich und direkt – die Mädchen eher verbal und indirekt. Die Jungen kämpfen auch kompetitiv: wer ist am stärksten, wer gewinnt? Wenn es Mütter oder Erzieher hinbekommen, solche Kämpfe mit Vergnügen und positiver Aufmerksamkeit zu verfolgen, dann haben sie die Chance zu sehen, dass Jungen, deren Entwicklung gut verläuft, sich bei diesen Kämpfen amüsieren und sehr verspielt sind, so ungefähr wie kleine Hunde oder Raubkatzen. Bei den jungen Schimpansen müssen die Mütter des öfteren dazwischengehen, damit es nicht zu ruppig zugeht – insbesondere dann, wenn so ein Schimpansenvater sich bemüht, aus seinem Schimpansensohn einen richtigen Schimpansenmann zu machen.

Wenn der typisch männliche Durchsetzungswille zu Aggressivität wird, dann kann man schon bei kleinen Jungen grob gesprochen zwei Typen feststellen: Die einen reagieren aggressiv, wenn sie Angst haben und sich nicht anders – also nicht sozialverträglich – zu helfen wissen. Wenn sie (zurück)schlagen, stehen sie sehr unter Stress. Das kann zwar schon ein Erziehungsergebnis sein, wenn einem kleinen Jungen gesagt wird: »Lass dir nichts gefallen, wehr dich, schlag zurück!« Oft sagt man ihnen das schon mal vorsorglich, weil die Eltern ja schon aus Erfahrung wissen, wie es draußen, im Kindergarten und der Schule – auf der Straße gibt es ja kaum mehr –, zugeht. Weshalb ein solches Kind auch schon mit dieser Erwartungshaltung »nach draußen« geht, was wiederum das befürchtete Verhalten der anderen provozieren kann – nicht zwangsläufig muss – und das betroffene Kind in der Not keine anderen Reaktionen zur Verfügung hat. Falls jemand denkt, die anderen Kinder würden das eigene Kind schlagen, wäre es gut, mit ihm vorsorglich noch ein paar andere Reaktionsmöglichkeiten einzuüben. Weggehen und mit Verachtung strafen ist eine der wirkungsvollsten. Das Kind könnte auch sagen: Spinnst du? Es kann einen schon bekannten »Feind« auch offen beobachten und sich dabei innerlich fragen: Mal sehen, was er sich heute wieder einfallen lässt! Das ist allerdings schon eine Angst besiegende, präventive Strategie. Auch Mädchen sollen sich ja wehren! Als die Lehrerin meiner Enkelin in der ersten Schuljahrsbeurteilung kritisch anmerkte: »Lucy wehrt sich nicht«, kommentierte das die Urgroßmutter empört: »Wieso soll sie lernen, sich zu wehren? Mit Leuten, die einen angreifen, geben wir uns nicht ab!« Das könnte man einem kleinen Jungen auch empfehlen: »Schau genau hin und geh den gefährlichen Leuten unauffällig aus dem Weg.« Wichtig, schon in diesem Alter – aber auch später –, ist es, dass der Junge sich selbst und noch mindestens einem anderen Menschen eingestehen darf, dass er Angst hat. Dass er sich traut, es auszusprechen, ohne dass ihn dafür jemand hänselt, beschämt oder als Angsthase tituliert. Und dass es jemanden gibt, der ihm erklärt, dass Angst ein wichtiges, ja manchmal überlebenswichtiges Signal ist. Ich sage meinen jungen Patienten dann immer: Wer gar keine Angst hat, kommt wahrscheinlich frühzeitig um, wer Angst hat, braucht Mut – ich gehe davon aus, dass du einmal ein sehr mutiger Mensch werden wirst. Aber – erlaube deiner Angst, dich zu warnen.

Die zweite Sorte frühkindlich aggressiver Jungen sind schwieriger zu behandeln. Das sind diejenigen, die sich ohne Not und ohne eigenen Stress von anderen das nehmen, was sie brauchen. Ein solches Verhalten muss durch

Regeln und Sanktionen gebändigt werden – wenn es aber auf dem Hintergrund einer familiären, evtl. sogar noch erfolgreichen Lebensstrategie entstanden ist und dort vielleicht als »männlich« anerkannt ist, tun sich die außerfamiliären Sozialisationsagenten schwer. Gut wäre es dann, aus meiner Sicht, wenn so ein Kind oft Gelegenheit hätte, andere Formen des Zusammenlebens in Familien zu erleben, die von Respekt, freiwilligem Entgegenkommen und Unterstützung geprägt sind. Das Schöne am Gefühl der Macht ist zweierlei: Erstens fühlt es sich besser an als das Gefühl der Ohnmacht und Hilflosigkeit, und zweitens kann man es so gut dafür verwenden, andere – also weniger mächtige, kleinere, schwächere Jungen und Mädchen und Tiere zum Beispiel – zu beschützen.

Auch im Wettkampfsport erleben kleine Jungen, dass kompetitives Verhalten und Durchsetzungsfähigkeit spielerisch und fair daherkommen können. Die oben erwähnten Handball spielenden Männer vergaßen nämlich bei aller Aggressivität ganz offensichtlich nicht, dass sie »in Wirklichkeit« spielten, sonst wären sie nicht schon jahrelang freundschaftlich zusammengekommen. Eine ausgesprochen elegante Lösung des typisch männlichen Kompetitionskonfliktes fand die oben erwähnte Jungenclique. Einmal, beim gemeinsamen Mittagessen, berichteten sie, offensichtlich stolz aufeinander: »Alex ist der Schnellste, Philip ist der Stärkste, Maxim ist der Schlaueste, Justus ist der Beste in Mathematik.« Das ist so klug, dass man es sogleich als Grundregel in jedes Erziehungsbuch aufnehmen könnte: Frage dich immer: Wer hat wo seine Stärken?

Mir fällt in diesem Zusammenhang eine Geschichte aus einer unserer Kopfschmerzgruppen ein. Dort tauchte ein 9-jähriger, schmaler, schüchterner und sehr defensiver Junge auf, der, wie die anderen auch, Migräne hatte. Er jedoch hatte noch etwas anderes, nämlich absolut keinen Geschmack bzw. ein erstaunliches Gespür für absurde Farbzusammenstellungen und Kombinationen bei seinem Outfit, was ihm bei den anderen Kindern in der Gruppe – und wie wir hörten auch in der Schule – Spott und Gelächter eintrug. Wir Therapeuten wollten das natürlich so nicht tolerieren und deuteten sein seltsames Outfit als eine besondere Begabung seinerseits, uns zu erfreuen und zum Lachen zu bringen. Der Kopfschmerzkurs umfasste 12 wöchentliche Sitzungen: 11 davon kam Jan in jeweils wechselnden »geschmacklosen« Kleidungskombinationen, die ihm in der Vorbereitung sicherlich viel Kreativität abverlangt hatten – die ganze Gruppe lauerte schon gespannt, bis er zur Tür hereinkam und seinen Auftritt hatte, den er mehr und mehr genoss. Zur letzten Sitzung erschien er ganz in Schwarz! Wow! Der Sieger persönlich! Er hatte sich diese Anerkennung »hart« erkämpft, und was das Beste daran war: Er konnte abwarten und landete seinen Überraschungseffekt, als schon keiner mehr damit rechnete.

Der »Geschmack« des Sieges: Anerkennung

Siegen und Beachtung finden, das ist es, was die kleinen Jungen hauptsächlich brauchen. Eine Großmutter, die mit ihrem 5-jährigen Enkelsohn die Ferien am Meer verbrachte, erzählte mir folgende Geschichte: Auf dem Weg zum Meeresstrand gab es, wie üblich, einige Buden mit Sachen, die Kinder dringend brauchen: Im Fall ihres Enkels ein großes, silbernes Schwert in einer schwarzen, mit Silbernägeln beschlagenen Scheide, alles aus Plastik. Was macht ein 5-Jähriger mit einem Silberschwert am Strand? Er stellt sich in die Brandung wie ein Held und haut mit Schwert und Geschrei auf jede ankommende Welle ein – heroisch wie ein echter Schwertkämpfer. Wie das geht, sieht man im Fernsehen. Zweiter Tag am Meer, wieder an den Buden vorbei, d. h. eben nicht vorbei, sondern wieder hinein. Diesmal ein durchsichtiger Plastikrucksack voll mit vielen kleinen Soldaten und Kriegsgerät. Man muss sich das einmal bildlich vorstellen: ein kleiner Junge in Badehose und Sonnenhut – und auf dem Rücken einen ganzen Krieg. Also wieder Kampf am Strand! Weil die Soldaten entweder grün oder grau waren, gab es diesmal zwei Fronten – auf der grünen war die Großmutter »Feldherr«. (Sie gab zu, dass es ihr als Deutsche unter lauter Italienern ein bisschen peinlich war.) Es gab Reiter und Fußsoldaten mit Gewehren, es gab Kanonen und ein Lazarett – wo die Grünen und die Grauen gemeinsam versorgt wurden! Die Großmutter musste ihrem Enkel gestehen, dass sie nicht wisse, wie Krieg geht, und wurde von ihm großzügig belehrt. Da sie dauernd vergaß, ihre Soldaten im Gefecht umfallen zu lassen, hatte sie am Ende – als der andere Kriegsherr Hunger hatte und ins Restaurant gehen wollte – die Schlacht gewonnen. Es wurde Revanche vereinbart und die Soldaten und das Kriegsgerät in voller Zufriedenheit wieder im Rucksack verstaut.

Die Beispiele zeigen, welch unterschiedliche Formen das Kämpfen annehmen kann – aber immer geht es dabei um Anerkennung! Und was heißt Anerkennung? Das kann ganz Verschiedenes heißen. Zum Beispiel, dass ich jemandem Anerkennung gebe für etwas, was *ich selbst* als wertvoll definiert habe, oder für etwas, was als anerkannte Norm gilt, was »normal« ist, was man tut, was alle tun oder was außergewöhnlich ist, also kein anderer tun oder sein kann – auch für etwas, was dieser Jemand selbst gut findet – das

Spektrum ist weit gespannt. Bei einem Kind könnte man ja zunächst einmal einfach anerkennen, dass es da ist. Wenn mir zu Beginn einer Therapie nichts Besseres einfällt, weil ich ein Kind zum Beispiel noch gar nicht kenne, sage ich oft einmal: »Ich habe den Eindruck, du bist ein ganz besonderer Mensch!« Wenn man so einen Ausspruch genau besieht, könnte er auch sagen: »Ich vermute, dass du ganz besonders doof bist« – natürlich kommt es dabei auf die Betonung und den Blick an. Aber ich habe noch kein Kind erlebt, das auf einen solchen Satz nicht mit einem gewissen Stolz reagiert hätte – im Übrigen handelt es sich ja auch wirklich um einen »wahren Satz«, wenn man so will, um eine Trivialität.

Wenn ich im ersten Kapitel dafür plädiert habe, bei den ganz Kleinen zuerst einmal neugierig hinzuschauen, was das denn für ein Wesen ist, das da auf die Welt gekommen ist, so beginnt hier – bei der Anerkennung – die Erziehung. Der Kampf um Anerkennung, der sich, wie wir sehen werden, durch das ganze – auch das weibliche, aber insbesondere das ganze männliche – Leben zieht, beginnt damit, von einer wichtigen Bezugsperson gesehen zu werden, erkannt zu sein, und infolgedessen anerkannt als der, die, das, was man (zur Zeit gerade) ist, also: ein Junge!

Zum Beispiel schon bei der Geburt: »Es ist ein Stammhalter!« Bei uns traut sich das – im entsprechenden Tonfall – kaum einer mehr auszurufen. Wir haben Mädchen auch gern. Und wenn man die werdenden Mütter fragt, dann gibt es nicht wenige, die sich ein Mädchen wünschen, vielleicht weil sie eine Schwester hatten, oder gern eine gehabt hätten, oder weil sie sich gar keine so enge Beziehung zu einem kleinen Jungen vorstellen können. Auch die Männer sagen, dass ihnen beides recht sei, Mädchen oder

Junge, Hauptsache gesund. Manchem Mann sind Babys sowieso suspekt, sie möchten lieber abwarten, bis man mit dem Kind endlich was anfangen kann, Fußball spielen z. B., und das geht mit einem Jungen einfach besser. Dass sich so ein Vater mir nichts, dir nichts in so ein kleines Mädchen verlieben kann und es nie, nie mehr hergeben will, schon gar nicht einem anderen Mann, kommt öfter vor als man glauben sollte. Und passiert, bevor oder ohne dass ein Vater es überhaupt realisiert. Eine derartige Gefühlsfreiheit ist allerdings die Folge einer kulturellen Errungenschaft, die sich unter gesellschaftlichen Regularien, wie sie in anderen Ländern herrschen, nicht so leicht entfalten kann.

Restriktionen der Kinderzahl, wie z. B. in China, führen eindeutig zu einer Präferenz für Jungen. Moderne Ultraschalldiagnostik und großzügige Abtreibungspraktiken machen es möglich. In Indien, wo Mädchen oft direkt nach der Geburt »weggeworfen« werden, und zwar von ihren Müttern (!), meist auf Druck der Schwiegermutter, die die Interessen ihres Sohnes vertritt, zeigt sich schon die Auswirkung dieser Praktik in einem Verhältnis von Jungen zu Mädchen von 100 zu 80. In einigen indischen Dörfern gibt es kaum mehr eine heiratsfähige Frau, weshalb man dort die jungen Männer vor dem Fernseher sitzen und sehnsüchtig leicht bekleidete Mädchen betrachten sieht. Wobei das Erklärungsargument, es gehe Männern immer und in erster Linie um die Fortpflanzung, hier letztendlich ins Leere läuft.

Dennoch: Auch bei uns bzw. in den westlichen Industrienationen wird immer noch das »Männliche«, zumindest bei den kleinen Kindern, als das »Positive« konnotiert. Wenn man von einem Mädchen sagt: »Sie fährt Fahrrad wie ein Junge!« oder sie sei mutig wie ein Junge oder tapfer wie ein Indianer, so ist das ein Kompliment, umgekehrt würde es kein Junge, und schon gar nicht sein Vater, als Anerkennung verstehen, wenn man sagen würde, er sei eine gute Puppenmutter. Ich kenne einen kleinen Jungen, der sehr viel und eloquent spricht – er wird, was definitiv zu erwarten ist, später einmal viel berufliches Kapital aus dieser Fähigkeit schlagen. Seine Schulkameraden, coole und wortkarge Helden, finden, dass er »nervt«. Einer der 10-Jährigen bemerkte letzthin: Der wird bestimmt mal schwul!

Obwohl oder weil die Bewunderung für das männliche Heldentum schon bei den kleinen Jungen tief verankert ist, kränkt es sie, wenn sie dem Leitbild, das sie selbst und andere von ihnen haben, nicht entsprechen. Könnte es sein, dass sich Jungen so sehr anstrengen und darum kämpfen, Anerkennung zu erhalten, weil es für sie gar nicht so leicht und selbstverständlich ist, anerkannt zu sein? Wie ist es denn zu verstehen, dass zum Beispiel in der Schule Jungen sehr viel stärker darauf aus sind, Aufmerksamkeit zu erregen? Nicht nur positive, auch negative Aufmerksamkeit ist ihnen recht. Sie werden häufiger als die Mädchen aufgerufen, sie bekommen häufiger Lob – aber auch Tadel. Man könnte auch sagen, sie kämpfen ständig darum, beachtet zu werden, als wollten sie sagen: Schaut her, ich bin da!

Das ist schon ganz am Anfang so: Die männlichen Spermien müssen sich beeilen und darum konkurrieren, wer zuerst beim weiblichen Ei ankommt und rufen kann: Da bin ich! Damit noch nicht genug: Der Samen muss auch für akzeptabel befunden werden, damit er zum Zuge kommt. Im Leben eines Mannes geht das noch des Öfteren so.

Es gibt eine, nicht nur von Feministinnen – Doris Lessing (2007) hat neustens darüber einen Roman geschrieben –, sondern auch von männlichen Biologen vertretene

These, dass das biologisch »grundlegende« Geschlecht das weibliche sei: Das embryonale Grundprogramm ist darauf angelegt, weibliche Wesen hervorzubringen. Abgesehen davon, dass der Embryo anfangs sexuell bipotenziell ist und dass Männer und Frauen über die gleichen Sexualhormone verfügen – allerdings in unterschiedlichen Mengen –, beginnt beim männlichen Embryo die Geschlechtsdifferenzierung um den 40. Tag herum und entwickelt sich gewissermaßen in Abgrenzung, ja in Opposition zum weiblichen Embryo. Männlich werden bedeutet bereits in der fötalen Entwicklung: »in jedem Augenblick ein Kampf«. »Die kleinste Schwäche der Hoden setzt den Fötus der Gefahr aus, mehr oder weniger feminisiert zu werden.« (Alfred Jost zit. nach Badinter 1993, S. 53) So gesehen kämpfen die kleinen Jungen schon von Anfang an darum, männlich sein zu dürfen. »Der biologische Kampf ist (jedoch) eine Kleinigkeit im Vergleich mit dem, den das männliche Kind ab seiner Geburt führen muss, und zwar für lange Zeit, um ein Mann zu werden.« (S. 59) Sie kämpfen aber auch ums pure Überleben: Bereits im Mutterleib sterben schon mehr männliche als weibliche Föten, und obwohl dann doch mehr Jungen als Mädchen geboren werden (106 auf 100), sind sie in ihrem ersten Lebensjahr gesundheitlich schwächer. Im Verlauf des Heranwachsens geraten die Frauen deutlich in die Überzahl (Odile Jacob 1990), eine Kluft, die sich später noch vertieft, und am Ende ist auch die Lebenserwartung der Männer erheblich, d. h. 6 Jahre, geringer als die der Frauen.

Könnte es sein, dass diese »Schwäche« die Grundlage für viele Entwicklungen und Fehlentwicklungen ist, die sich durch das männliche Leben und Beziehungsleben hindurchziehen? Das Leben ein Kampf! – in all seinen Variationen und Perversionen. Und dass diese Metapher vielleicht sogar vieles beschreibt und sogar erklären könnte, was zwischen den Geschlechtern gut oder schlecht läuft?

Geschlechtstypisches Verhalten von Anfang an?

Lassen Sie mich diesen Gedanken eine Weile verfolgen, wenn wir uns ansehen, wie die Erziehung der kleinen Jungen laufen könnte unter der Berücksichtigung der eben dargestellten Annahme. Wenn es für die männlichen Kinder darum geht, mit aller Macht ihr Geschlecht verteidigen zu müssen, dann sollten sie dafür Anerkennung bekommen. Man könnte es auch einmal so sehen: Vielleicht bekommen sie so viel Beachtung und Anerkennung, weil sie sie ganz offensichtlich so sehr brauchen, und weil sie – schon vorgeburtlich – echte Helden sind!?

Erwachsene Menschen haben einen Hang zur geschlechtlichen Etikettierung, besonders bei kleinen Kindern. Wenn ein kleines Kind lange, lockige Haare hat, fragt man höflicherweise nicht, ist es ein Junge, sondern: Wie heißt es denn? Nicht wegen der Eltern, sondern, weil man das Kind nicht verunsichern will, denn für die kleinen Jungs ist es unangenehm, für ein Mädchen gehalten zu werden – für diese gilt das in umgekehrter Richtung nicht in gleicher Weise. Den Jungen werden Attribute zugesprochen, die die Mädchen auch gern haben möchten, umgekehrt nicht.

Luria und Rubin (zit. nach Elisabeth Badinter 1993, S. 55) befragten Eltern 24 Stunden nach der Geburt ihres Kindes, welchen Eindruck sie von ihm hatten und wie sie es beschreiben würden. Die Väter hatten ihr Kind einmal durch die Glasscheibe gesehen, die Mütter hatten es einmal im Arm gehabt – wir schreiben das Jahr 1990, als es in vielen

Entbindungsstationen noch so zuging. Die kleinen Jungen und Mädchen hatten das gleiche Gewicht und die gleiche Größe und waren alle zur richtigen Zeit auf die Welt gekommen. »Die Eltern wendeten das Wort ›groß‹ eher auf die Söhne an, die Mädchen waren ›klein‹. Sie hatten ›feine Gesichtszüge‹, die Jungen eher ›ausgeprägte‹ und wurden weniger häufig als ›niedlich‹, ›nett‹, und ›schön‹ bezeichnet. Die Tendenz zu klischeehafter Beschreibung war bei den Vätern ausgeprägter.« Andere Experimente, die als »Baby-X« bekannt wurden, benutzten ein geschlechtlich undefiniertes Baby, das drei Monate alt und gelb angezogen war. Einem Teil der erwachsenen Versuchsteilnehmer sagte man, es sei ein Junge, einem anderen Teil, es sei ein Mädchen, und der dritten Untergruppe teilte man nur mit, es sei ein drei Monate altes Baby – und forderte alle Versuchsteilnehmer auf, mit dem Kind zu spielen. Die Erwachsenen stellten zu dem Kind eine jeweils andere Beziehung her, je nachdem, ob sie es für männlich oder weiblich hielten. Sie spielten mit den Babys, die sie für Mädchen hielten, fürsorglicher und zugewandter und benutzten als Spielzeug eher eine Puppe, während sie bei den vermuteten Jungen mehr körperliche Aktivitäten provozierten und ihnen Autos anboten (Stern & Karraker 1989, zit. nach Bischof-Köhler 2006, S. 61). In der Gruppe ohne Information über das Geschlecht waren sich die Männer schneller über die Geschlechtszugehörigkeit sicher und begründeten diese (willkürlich) mit der Zartheit bzw. der Kräftigkeit des Babys.

Nun könnte man aus solchen Forschungsergebnissen leicht schließen, dass Eltern, insbesondere die Väter, mit Klischeebildern an ihre Neugeborenen herangehen und deren Geschlechtsidentität durch ihr Verhalten »herstellen«, indem sie die Babys wie Jungen bzw. wie Mädchen behandeln, sodass sich die Kinder in ihrer Entwicklung nach dem Bild richten, das sich ihre Eltern von ihnen machen – und zweifellos ist da etwas dran. Es könnte sich aber herausstellen, dass dies keine Einbahnstraße ist, sondern eher »eine Autobahn in die umgekehrte Richtung«, wie Köhler-Bischof es formuliert.

Wenn Eltern, und hier ist in den ersten Tagen zuerst einmal die Mutter gefragt, aufmerksam genug sind und ihr Verhalten dem Kind gegenüber nicht schon von Anfang an von tradierten Regeln steuern lassen, dann wird das Kind »sagen«, was es braucht. Mütterliche Verhaltenssteuerung durch ein überkommenes Regelwerk – das mag in manchen Ohren abwegig klingen. Aber ich selbst erinnere mich noch sehr genau und schmerzlich daran, dass mir im Krankenhaus von den christlichen Schwestern meine erste Tochter, kaum hatte ich sie einmal kurz anschauen dürfen, weggenommen und exakt alle vier Stunden zum Stillen gebracht wurde – dass sie dauernd schrie, war angeblich gut zur Kräftigung ihrer Lungen. Wenn solche und noch ein paar andere »Regeln« nun hoffentlich gänzlich überholt sind, können wir getrost zu der Annahme übergehen, dass den Kindern in dieser ganz frühen Lebenszeit die unhinterfragte und bedingungslose Bedürfnisbefriedigung zusteht. Und jede Mutter kennt die Verzweiflung, wenn sie nicht verstehen kann, was das Kind ihr mit seinem verzweifelten Schreien zu »sagen« versucht.

Viele Eltern sind – zu Recht – sehr erleichtert, wenn die Kinder endlich einigermaßen sprechen und sagen können, was sie wollen. Aber wir werden noch sehen, dass die Aufforderung »Sag doch, was du willst!« auch im späteren Leben oft ins Leere geht und nicht selten sogar als lieblos zurückgewiesen wird, mit einer inneren Haltung, die ausdrückt: »Ich möchte, dass du mich ansiehst, dass du merkst, wer ich bin und was ich brauche – ich will es nicht sagen müssen!« Genau das ist es auch, was im späteren Leben Mütter und Ehefrauen an ihren kleinen und großen Jungs zur Verzweiflung treiben kann.

Die erste Zeit der Bezogenheit mit einem Baby und seinen nichtsprachlichen Ausdrucksformen ist für Eltern ein guter Test in Einfühlungsvermögen – und da sich Männer gerade damit nicht leichttun, haben sie als Väter hier ein gutes Übungsfeld.

Auf die Väter komme ich später noch zu sprechen, aber jetzt erst einmal zurück zu den Neuankömmlingen. In den ersten drei Monaten bekommen die männlichen Babys nachgewiesenermaßen mehr Aufmerksamkeit als die Mädchen. Wie es dann weitergeht, kann man nur in Verlaufsstudien herausbekommen. Schon 1967 beobachtete Moss 30 erstgeborene Jungen und Mädchen zu Hause mit ihren Müttern (Moss 1974). Im Alter von drei Wochen beschäftigten sich die Mütter signifikant, also deutlich mehr, mit ihren kleinen Buben, sie nahmen sie häufiger hoch, hielten sie länger, etc. In dieser Zeit entspricht es der Realität, dass die Jungs mehr Beachtung finden, also explizit mehr Aufmerksamkeit bekommen – was das Stereotyp unterstützt, nach dem Jungs für »wertvoller« gehalten werden. Nach drei Monaten jedoch war davon nichts mehr zu sehen. Die Zuwendung zu den Jungen und den Mädchen war nun ausgeglichen, obwohl die kleinen Männer häufiger quengelten und unzufriedener waren. Wie kam das? Wie schafften es die Mädchen, von ihren Müttern ebenso beachtet zu werden wie die Jungen? Sie »antworteten« anders: Sie belohnten die Aufmerksamkeit ihrer Mütter mit Lächeln und Zufriedenheit und spielten sozusagen eine typisch weibliche Eigenheit aus: Empathie.

Die kleinen Jungen hingegen erzwingen Aufmerksamkeit, indem sie wenig schlafen, sie schreien rascher, wenn ihnen etwas nicht passt, lassen sich schlechter beruhigen, sie erschrecken leichter und geraten leichter in einen Zustand von hoher Erregung und Überdrehtheit.

Mädchen, die (bereits) bei Geburt neuronal reifer sind, sind emotional stabiler, lassen sich leichter beruhigen und sind offenbar schon so früh in ihrem Leben einfühlsam gegenüber anderen – ihren Müttern, aber auch anderen Babys. Sie lassen sich eher durch das Schreien anderer Babys anstecken als gleichaltrige Jungen. Die Mädchen signalisieren vom ersten Lebenstag an ein größeres Interesse an Personen und höhere Kontaktbereitschaft – und das bleibt ihr Leben lang erhalten.

Mütter regulieren die Emotionalität ihrer Babys, indem sie deren Gefühlsausdruck gewissermaßen »spiegeln«, also imitieren, und so, auf dem Weg der Gefühlsansteckung, verstärken – wenn ihnen der emotionale Ausdruck zusagt – Gleiches tun aber auch die Mädchen, wie oben schon bemerkt. Sie verstärken ihrerseits durch Lächeln das Zuwendungsverhalten ihrer Mütter. Und wie geht es dann weiter? Bei den sechs Monate alten Kindern hat sich die Situation wiederum verändert: Jetzt werden von den Müttern vor allem positive Emotionen bei den Jungs gespiegelt – was möglicherweise mit der (unbewussten) Absicht geschieht, deren positive Stimmung zu erhalten und auf deren emotionale Labilität Rücksicht zu nehmen – auch das bleibt bei vielen Frauen gegenüber Männern ein Leben lang so. »Bei Mädchen können sie sich dagegen eine größere Variabilität des Ausdrucks erlauben, weil diese von sich aus emotional stabiler sind und sich in eine Emotion weniger rasch hineinsteigern.« (Bischof-Köhler 2006, S. 102)

Dies verwundert zunächst, denn (stereo)typischerweise wird den Mädchen und später den Frauen mehr emotionaler Gefühlsausdruck zugestanden, während sich die älteren Jungen und später die Männer hier eher zurückhalten müssen – denken wir nur daran, dass Jungen schon sehr früh nicht (mehr) weinen dürfen. Malatesta und Haviland (1985) fassen diese Befunde zusammen und stellen fest, dass zu Beginn des Lebens die Verhältnisse interessanterweise eher umgekehrt liegen. Mädchen verfügen über die bessere Emotionskontrolle. Der Erziehungsaufwand, aus der vergleichsweise höheren emotionalen Labilität der kleinen Jungen die emotionale Zurückhaltung der Männer zu sozialisieren, dürfte umso erheblicher sein. Pollack (2001) sieht bereits hier den Beginn der geschlechtstypischen Pathologie bei den Jungen: Indem die Mütter die negativen Stimmungen ihrer kleinen Söhne lieber nicht zur Kenntnis nehmen, sie also ignorieren, kommt ein Konditionierungsprozess in Gang, der den männlichen Kindern signalisiert, dass ihre negative Emotionalität nicht erwünscht ist, nicht beantwortet wird, nicht gezeigt werden darf und folglich am besten zu unterdrücken ist, wenn sie Zuwendung erhalten wollen.

Wenn man also die Entwicklung geschlechtstypischen Verhaltens verstehen will, so muss man bedenken, dass bei der Geburt vorhandene Dispositionen einen interaktiven Prozess zwischen Mutter, Vater und der restlichen Umwelt anstoßen und in eine bestimmte Richtung lenken. Wie Köhler-Bischof sehr pointiert sagt: »... dass man es sich zu einfach macht, wenn man in der unterschiedlichen Behandlung weiblicher und männlicher Babys allein die Bekundung des elterlichen Verlangens sieht, aus ihren Kindern eine ›typische Frau‹ oder einen ›typischen Mann‹

zu machen. Elterliches Verhalten wird in erster Linie durch den Wunsch gesteuert, die Interaktion mit dem Kind zu optimieren. Und da eben alles dafür spricht, dass Jungen und Mädchen von vorneherein unterschiedliche Verhaltensangebote machen und in je eigener Weise auf soziale Einflüsse reagieren, ist die nach Geschlechtern differenzierende Sozialisation ... auch Reaktion auf deren Eigencharakter.«

Zum Beispiel fördert einengende Erziehung bei Jungen eher aggressives Verhalten, führt aber bei Mädchen eher zu Überangepasstheit (Maccoby et al. 1984). Jungen benötigen von ihren Müttern viel Unterstützung, die ihnen ermöglicht, eigenständig und neugierig zu sein und offen für Fremde. Wohingegen das gleiche unterstützende Verhalten bei Mädchen zu scheuem und unselbstständigem Verhalten führt – sie benötigen eher eine explizite Erziehung zu Selbstständigkeit (Martin 1981).

Da jedoch die bei Geburt schon vorhandenen Dispositionen bzw. Eigencharaktere nicht durchgängig geschlechtstypisch sind, wie die oben zitierten Forschungsergebnisse suggerieren könnten – man hat es dort immer mit Fragen und Aussagen über die jeweilige Gruppe der männlichen und der weiblichen Studienobjekte zu tun –, da also auch die Eigencharaktere höchst gemischt und individuell sind, nehmen die interaktiven Prozesse eine nicht eindeutig vorhersagbare Richtung. Es stellt sich erneut die Frage: »Kann man Erziehung ›machen‹?« und vor allem: »Könnte man vielleicht aus diesem oder jenem Kind etwas Ordentliches machen?«

Es würde sich lohnen, die Forschungsergebnisse aus der ganz frühen Kindheit in Betracht zu ziehen und beim eigenen Kind einmal nachzuschauen, ob es sich da um ein typisches Mädchen bzw. einen typischen Jungen handelt oder gar um eine völlig untypische, also »seltsame« Mischung. Abgesehen davon, dass alle Menschen mehr oder weniger weibliche und männliche Eigenschaften in sich tragen, gibt es auch Individuen, bei denen Männliches *und* Weibliches sehr ausgeprägt ist und die sich im Heranwachsen des Öfteren fragen: Wer bin ich – und, wenn ja, wie viele? Wenn man das Männliche und das Weibliche als Polaritäten auffasst, wie es z. B. im chinesischen Denken und bei C. G. Jung der Fall ist, so kann man das gleichzeitige, also habituelle Vorkommen beider Polaritäten in einer Person schon in jungen Jahren als eine besondere Auszeichnung werten, wenn wir z. B. bei Mihail Csikszentmihalyi (2007) lesen, dass genau dies bei besonders kreativen Menschen zu finden ist.

Zunächst noch etwas zum Erziehen: Denn, dass erzogen werden muss, ist derzeit (wieder) unstrittig.

Indem man zum Beispiel ein Kind für das Gute, das es tut, belohnt, für das Böse bestraft oder nicht aktiv bestraft, sondern »nur« nicht beachtet, also mit Nichtachtung straft. Denn zweifellos steht es uns, wenn wir als Erzieher für so einen kleinen Menschen zuständig sind, zu und ist unsere Aufgabe zu definieren, was gut oder böse und alles, was irgendwo dazwischen angesiedelt ist. Denn die ganz kleinen Kinder sind voll und ganz auf Bedürfnisbefriedigung programmiert – ihre eigene wohlgemerkt – und haben null Moral. Umgangsformen schon gar nicht: sie rülpsen, stinken, brüllen, stören die Nachtruhe – und ihre Eltern, mehr noch die Großeltern, die das nur hin und wieder betrifft, finden das auch noch süß, weshalb sie für diese unsäglichen Verhaltensweisen das obige Vokabular keinesfalls benutzen würden. Nun stellt sich doch verschärft die Frage, wie es dazu kommt, dass schon kleine Kinder sehr bald mit all dem aufhören und zu lächelnden, freundlichen Geschöpfen werden, die danke sagen, wenn man ihnen etwas gibt, mit Begeisterung und Versunkenheit spielen, essen (was ihnen schmeckt) und dann auch noch zufrieden ein- und eine lange Nacht durchschlafen. Durch Erziehung? Das kann man so sehen, wenn man unter Erziehung versteht, dass die Eigenheiten eines Kindes und sein Entwicklungsstand beachtet und gewürdigt werden – im »Trotzalter« widersetzen sie sich zum Beispiel massiv, und das ist normal – wenn das Kind sich berücksichtigt und gesehen fühlt – »das habe ich extra für dich gekocht, weil ich weiß, dass du das so gern magst!« – und wenn das Kind sich sicher geborgen weiß – »wir oder wenigstens eine oder einer auf dieser Welt ist froh, dass es dich gibt«. Und natürlich, wenn man dem Kind etwas zutraut und ihm signalisiert: »wenn du Hilfe brauchst, bin ich da, wie ich dich kenne, kannst du es wahrscheinlich auch allein«. Insofern hat Erziehung zuerst einmal etwas mit sorgfältigem Hinsehen zu tun – weil nämlich die Menschen, auch schon oder vielleicht besonders die ganz Kleinen, so verschieden sind!

Wir haben uns aber angewöhnt, in Gleichheitsgrundsätzen zu denken und die Gleichbehandlung aller Menschen für fair und gerecht zu halten. Und weil das so im Grundgesetz steht, halten wir es unhinterfragt für gut und richtig und berufen uns darauf. Und das ist eine gute deutsche Tradition, und der alte Kant hat wegen seiner Formulierung eines allgemeingültigen Moralgesetzes daran sein gerüttelt Maß an Schuld: Dass wir nämlich immer so handeln sollen, dass aus diesem Handeln ein allgemeingültiges Gesetz ableitbar sei. Deshalb fühlen sich Menschen berechtigt zu sagen: »Ich fordere von anderen nicht mehr als von mir selbst.« Wie kommen sie dazu? Wir können nur hoffen, dass ein hochintelligenter Vater nicht gegenüber seinem lernbehinderten Sohn in dieser Weise denkt! Oder der andere Spruch: »Was du nicht willst, das man dir tu, das füg auch keinem anderen zu!« Der leuchtet schon eher ein. Besonders dann, wenn man ihn ins Positive wendet: »Füge anderen nur das zu, was du auch selbst für dich akzeptieren würdest.« Aber alle irgendwie arbeitsteiligen und rollenspezifischen Beziehungen, sadomasochistische eingeschlossen, wären ab sofort verpönt. Wäre das nicht schade? Während wir uns dem Thema »Männer« weiter annähern, fallen uns dazu natürlich gleich auch die Frauen ein und dass sie gern ganz andere Dinge tun und angetan kriegen möchten, und schon stimmt dieser kluge Spruch auch nicht mehr so ganz.

Mit den allgemeingültigen ethischen bzw. gesellschaftlich gültigen Regeln und den grundlegenden Moralgesetzen hat es also seine Schwierigkeiten – zumal wir ja wissen, dass viele ethische Regeln auf sozialen Übereinkünften beruhen, die in den verschiedenen Gegenden der Welt sehr gegensätzlich sein können.

Aber auf einigen grundsätzlichen moralischen Regeln müssen wir in der Erziehung unserer Kinder eben doch vernünftigerweise bestehen. Eine dieser grundsätzlichen moralischen Regeln ist die – wiederum Kantische – Forderung: Betrachte einen Menschen – wir würden heute sagen: auch ein Kind, möglicherweise sogar jegliches Lebewesen? – immer als einen Selbstzweck, niemals (nur) als Mittel zu deinen eigenen Zwecken. Und dazu noch eine andere Regel, die es immer zu beherzigen gilt: Vermehre nicht das Leid der Welt. Diese Regeln sind als Erziehungsmaximen ausreichend, gelten aber vor allem für die Erzieher, nicht für die Kinder, die erst in sie »hineinwachsen« müssen – der kindliche Egozentrismus ist normal, besonders für solche Jungen, die wenig Empathie und Resonanzfähigkeiten mitbringen, deshalb brauchen sie für das »Hineinwachsen« in diese Haltungen, die auf Reziprozität beruhen, viel Unterstützung.

Nicht mit Gewalt!

Eine Regel, die in unserer Gesellschaft bei der Kindererziehung allgemein beachtet wird, lautet: »Nicht mit Gewalt!« – die Regel gilt für Kinder, Eltern und Erzieher gleichermaßen. Wenn du etwas haben oder durchsetzen willst, verhandle oder verzichte. Wer auch immer diese Regel aufgestellt hat, wusste offenbar noch nicht, dass die meisten kleinen Jungen gar nicht verhandeln *können*. Mädchen können das und tun es auch. Jungen nicht. Es ist zu beobachten, dass sie viel häufiger als kleine Mädchen anderen, auch anderen Jungen, einfach etwas wegnehmen. Weil sie es haben wollen und nicht denken können, dass sie anderen damit etwas antun. Es ist natürlich viel einfacher, einem Mädchen etwas wegzunehmen, weil es sich eher nicht körperlich wehrt wie ein Junge, bei dem man taxieren muss, ob er nicht vielleicht stärker ist, und dann muss man sich prügeln, usw. Ein Mädchen weint vielleicht, läuft zu einem erwachsenen Menschen, der vermutlich etwas von Fairness und Moral versteht, beschwert sich – petzt! Regelverletzung! So was tut man nicht! Und wenn das Mädchen weint, kümmert das einen richtigen Jungen nicht, er steht sprachlos daneben und merkt allenfalls, dass irgendwas nicht gut gelaufen ist, fühlt sich hilflos und geht diesem seltsamen Geschöpf künftig lieber aus dem Weg. Insofern ist es doch – von der Natur – gut eingerichtet, dass die kleineren Kinder sich am liebsten gleichgeschlechtlich zusammentun – und dann vielleicht auch noch mit ein paar gegengeschlechtlichen Einzelnen, die ihnen ähneln.

Um die Beziehungsregel »nicht mit Gewalt!« einhalten zu können, müssen viele Jungen sie mühsam(!) erlernen. Und es widerstrebt ihnen. Und sie versuchen, sie auf ihre eigene Art zu umgehen, indem sie aufpassen, dass sie nicht erwischt werden. Und später, wenn sie groß sind, ist es noch genauso. Was sie in Schach hält, ist Liebesentzug, Drohung und Bestrafung – und wenn sie groß sind, ist es noch genauso. Man kann es sich als Erzieher(in) zunutze machen, dass Jungen geliebt, anerkannt, gelobt und wahrgenommen werden wollen: Dafür halten sie Regeln ein – nicht, weil sie sie einsehen!

Wenn wir in der entwicklungspsychologischen Literatur lesen, dass Mädchen eine empathische Beziehungsmoral auf Gegenseitigkeit, also Reziprozität, sehr frühzeitig entwickeln, die Jungen aber Regelbeachtung lernen müssen – was mit Moral zunächst einmal wenig zu tun hat –, so hängt das schlichtweg mit ihrem angeborenen Naturell zusammen – viele Jungen können es nicht anders. Und hier kommt ein weiterer kluger Moralsatz zum Tragen: »Unmögliches darf nicht verlangt werden!« Aber was jemandem unmöglich ist, das ist wiederum sehr individuell.

So herum gewendet könnte Erziehung bedeuten, dass die Erzieher eher darauf achten sollten, was einem Kind möglich ist oder wäre oder vermuteterweise möglich sein wird – und es bei der Auswahl dessen zu beraten, was nützlich und gut wäre, zu verwirklichen – jetzt gleich oder irgendwann später einmal. Wenn man Dinge von ihm verlangt, die es nicht kann, wo es sich unterlegen fühlt – z. B. auch gegenüber den Mädchen beim Verhandeln –, dann reagiert es irritiert, frustriert, aggressiv, »nicht in Ordnung«, »auffällig« und beschämt. Die Fähigkeit, sich zu schämen, setzt eine zumindest rudimentäre Form von Gewissen voraus. Erik H. Erikson (1973), der sich schon in den 6oer-Jahren des vergangenen Jahrhunderts mit »Wachstum und Krisen der gesunden Persönlichkeit« auseinandergesetzt hatte, bezeichnet die »erzieherische« Beschämung des kleinen Kindes als eine Methode primitiver Erwachsener, die sich ihrer eigenen Überlegenheit versichern und dabei im Kind den Grundstein legen für spätere zerstörerische Schuldgefühle und Selbstzweifel. Wenn dies in einer Entwicklungsphase geschieht, in der das Kind beginnt, »auf eigenen Füßen zu stehen«, also in der Zeit der frühen Autonomiegewinnung, in der es noch nicht so gut einzuschätzen vermag, wie weit ihm die gewünschten und geträumten (Helden-)Taten gelingen können, müssen es die Erwachsenen davor schützen, sich nicht lächerlich zu fühlen, wenn es sich, nach allgemeinen Maßstäben, lächerlich gemacht hat. Die Scham beutet ein Gefühl des Kleinseins aus, das sich paradoxerweise gerade dann entwickelt, wenn das Kind stehen lernt und nun des Verhältnisses seiner eigenen Größe und Kraft zu seiner Umgebung gewahr wird. Ein zu starkes Betonen des Schamgefühls erzeugt nicht das Gefühl für Anstand, sondern eher eine geheime Entschlossenheit, die mit einem Tabu belegten Dinge heimlich zu tun, falls es nicht sogar zu ausgesprochener Schamlosigkeit führt. ... Gelegentlich mag es (das Kind) sich dadurch helfen können, dass es ... die Meinung der anderen insgeheim vergisst und nur die Tatsache als schlimm empfindet, dass diese anderen existieren: Seine Zeit wird kommen, wenn diese anderen nicht mehr da sind oder wenn es ihnen entkommen kann. Der langfristig schlimmste Effekt des Beschämtseins in unserer Kultur zeigt sich jedoch allenthalben darin, dass es den Jungen auferlegt ist, diese Beschämung zu verstecken, nicht zu zeigen, nicht zu weinen und zu klagen. So legen sie sich schon in ganz jungen Jahren eine Maske von Coolness zu, die ein gleichzeitiges Nicht-merken-Dürfen und Nicht-zeigen-Dürfen bedeutet: Wie es drinnen aussieht, geht keinen was an, nicht einmal den Jungen selbst.

»Auf diese Weise ist manches trotzige Kind, mancher junge Verbrecher ›erzogen‹ worden, und beide verdienen wenigstens, dass man untersucht, unter welchen Umständen sie zu dem wurden, was sie sind.« (Erikson 1973, S. 80) Mit gutem Grund wird »das vernichtende Gefühl des Beschämtseins ... in einigen Zivilisationen durch Mittel ›das Gesicht zu wahren‹ ausgeglichen«.

Selbstverständlich gilt es, Grenzen zu setzen und darauf zu dringen, dass Regeln eingehalten werden, zum Beispiel die Regel: »Nicht mit Gewalt!« Kleine Kinder hinterfragen Regeln nicht. Was in der Familie regelmäßig praktiziert wird, ist für sie die »richtige« Realität. Falls also Große gegenüber Kleineren Gewalt anwenden dürfen, weil sie stärker, mächtiger oder klüger sind und es deshalb einfach besser wissen, so wird das kleinere Kind das sich sehr wohl merken und schnell größer werden wollen, um ein paar Kleinere unter sich zu haben, die es dominieren kann. Und praktiziert das vielleicht – ebenso unhinterfragt – sein ganzes Leben lang.

Eine Erziehungsregel für Eltern mit Kindern dieses Entwicklungsstadiums könnte lauten: Sei fest und tolerant. Wenn möglich, sei auch humorvoll. Dann kann das Kind auch sich selbst gegenüber sowohl fest als auch tolerant werden, kann stolz darauf sein, zumindest ansatzweise eine autonome Person zu sein, kann auch anderen ihre Autonomie zugestehen und sich selbst und anderen hin und wieder humorvoll etwas durchgehen lassen, was ansonsten vielleicht beschämend wäre.

Eine, wie mir scheint, gute Empfehlung ist es zu sagen: »*Ich* will das nicht, *ich* kann das nicht leiden, mach das nicht mit *mir*«, wenn es sich nicht um allgemeingültige Regeln handelt. Und dies besonders gegenüber solchen Jungs, mit denen man nicht verhandeln kann, mit der nötigen Autorität und Sanktionen im Hintergrund, die man, wenn sie realistisch sind, nicht einmal aussprechen muss, damit sie wirken. Der Erziehungsgrundsatz, der mir selbst am besten gefällt, lautet: »Alles, was nicht verboten ist, ist erlaubt.« Diese Haltung setzt Grenzen, die definiert werden müssen und die nur bei Strafe überschritten werden – alles andere, und das ist ein weites Feld, steht zur Erkundung offen.

Wenn andererseits ein Kind in dem bestärkt und gefördert wird, was es schon – ein bisschen – kann, was also im Rahmen seiner Möglichkeiten liegt, dann hat es genug damit zu tun, genau das weiter auszubauen, weiß sich beachtet und geschätzt und ist zufrieden. Man muss Kinder nicht für jeden Furz loben und bewundern – das Kind merkt, wenn die relevanten Erwachsenen mit ihm zufrieden sind, an der Art, wie wir es anschauen.

Das wiederum eröffnet ihm selbst den Möglichkeitsraum und den Blick auf die Schätze der Welt. Das gibt dem Kind das Gefühl, dass die Zukunft verheißungsvoll ist – es stehen ihm zwar nicht *alle* Möglichkeiten offen, aber die eigenen schon. Wenn man in der Psychotherapie sagt: Du hast alle Ressourcen schon in dir, dann sagt man damit auch: Die Ressourcen, die du nicht in dir hast, um die brauchst du dich nicht zu bemühen – das wäre vergebene Liebesmüh. Anders gesagt: Wuchere mit deinen eigenen Pfunden – nicht mit denen der anderen. Noch anders gesagt: Tu, was dir liegt und was du kannst, dann hast du die Chance, richtig gut zu werden. Aber: Herauszufinden, was das denn ist, was man gut kann – dahin ist noch ein langer Entwicklungsweg. Der kann ein halbes Leben lang dauern, wenn man ihn nicht zu sehr stört. Und dafür reicht oft ein ganzes Leben nicht aus, wenn dieser Weg gestört und behindert wird.

Unsere Erziehungseinrichtungen sind nicht so sehr darauf ausgerichtet, die individuellen Ressourcen zu fördern und die Besonderheiten der einzelnen Kinder zu sehen und zu berücksichtigen. Sie sind eher darauf aus, die Kinder auf allgemein erforderliche Kompetenzen und Regeln hin zu »eichen«.

Auch das ist, sozial gesehen, wichtig. Ich möchte die Hypothese wagen, dass Menschen, große und kleine, eine umso größere Bereitschaft entwickeln werden, sich sozial regelkonform und angepasst zu verhalten, je mehr sie sich um ihrer selbst willen und damit für ihre Eigenartigkeit geschätzt fühlen.

Kinder haben eine enorm hohe Anpassungsbereitschaft. Sie denken, besonders wenn sie noch klein sind, dass die Welt so eingerichtet ist, wie sie ist, weil die Erwachsenen gescheit sind und sie mit Absicht so eingerichtet haben, und, weil die Erwachsenen den Kindern erklären, dass das alles schon seine Richtigkeit hat. Und auch wenn es ihnen nicht passt bzw. nicht zu ihnen passt, versuchen sie, sich daran zu gewöhnen. Und die Kinder bemühen sich redlich, lassen sich diejenigen als Vorbilder vor Augen führen, denen es offensichtlich gelungen ist, so zu sein, wie man sein soll und denen es leichtfällt. Es gibt nämlich in jeder Altersgruppe ein paar, die ins System passen, dann noch ein paar, denen ihr Bemühen um Passung einigermaßen gelingt, dann noch welche, vermutlich ziemlich viele, die so tun als ob und dabei leiden, nicht selten verzweifeln und später, wenn sie zum Psychotherapeuten kommen, sagen: »Ich war immer schon anders«, was nicht selten so viel heißt wie: »nicht richtig«. Und dann weiß der Therapeut, dass sie nie bei sich zu Hause sein konnten und dass es jetzt Zeit wird dafür.

Und dann gibt es noch die, die sich nicht anpassen können oder wollen, und aus denen wird später mal sowieso nix. Hier gibt es dann, grob gesagt, zwei Richtungen: solche Jungs, immer öfter auch Mädchen, die »auffällig« werden, d. h. verhaltensauffällig, renitent, leistungsverweigernd, aggressiv, kriminell vielleicht. Und andere, die selbstschädigend werden – unbewusst natürlich – und mit Bauchweh, Übelkeit, Erbrechen, Kopfschmerzen und anderen Beschwerden reagieren. Ich will an dieser Stelle anmerken, dass sich die Häufigkeiten von Kopfschmerzen einschließlich Migräne im Kindesalter in den letzten 10 Jahren verdoppelt haben. Das betrifft natürlich auch die kleinen Mädchen, jedoch in anderer Form. Denn, wie wir schon gehört haben, ist das Kommunikationszentrum der meisten Jungs nicht so gut entwickelt, dass sie – wie die Mädchen – über ihre Nöte reden könnten. Auch nicht oder eher selten untereinander! Denn zuzugeben, dass man schwach und sensibel ist, dass man leidet und sich gedemütigt fühlt, das ist unter Jungen, auch schon den kleinen, nicht empfehlenswert.

Also: Was soll man mit den kleinen Jungs machen, die nicht ins Anforderungsprofil und Systemschema passen? Es liegt ja, nach dem schon Gesagten, auf der Hand, es ist schon lang bekannt, es wird uns immer deutlicher: Man muss sie individuell behandeln und fördern und man soll nicht versuchen, etwas aus ihnen zu machen, was nicht zu ihnen passt.

Die Montessori-Pädagogik gibt dafür ein Beispiel: Hilf mir, es selbst zu tun! Auch die Waldorf-Pädagogik tut, soviel ich weiß, Ähnliches. Ich habe diese beiden Konzepte nur deshalb angeführt, weil viele Leser damit etwas verbinden und um zu zeigen, dass man diese Erziehungshaltung nicht erst erfinden muss. Was mich allerdings verwundert ist, dass immer nur die Erzieher bzw. die erziehenden Einrichtungen mit diesen Labels etikettiert werden, sodass es so aussieht, als wäre das eine professionelle Haltung von ausgebildeten Pädagogen. So ist das aber nicht gemeint! Es ist eher andersherum zu verstehen: Allgemeine Erziehungsprinzipien, die vom Anfang des Lebens bis zu seinem Ende – später geht es dann eher um Selbsterziehung – darauf hinauslaufen, Anerkennung für das eigene Tun und Sein zu erhalten, werden von klugen Pädagogen in Erziehungseinrichtungen transportiert, wo versucht wird, sie auf Gruppen von Kindern bzw. auf Schulklassen anzuwenden.

Anerkennung hat mit Zustimmung zu tun und mit dem Kommunizieren von Bedingungen, unter denen Zustimmung, sprich Anerkennung, zu bekommen ist. Und dies immer unter Beachtung der Grundregel: Unmögliches darf nicht verlangt werden. Meine wichtigste Empfehlung an Eltern von Jungen, aber natürlich auch von Mädchen dieses frühen Alters, wäre: Sorgen Sie dafür, dass es Ihnen selbst gut geht! Dass Sie stark und gesund bleiben (wenn irgend möglich), weil Ihr Kind so jemanden braucht, um Schutz und Geborgenheit zu erfahren. Sorgen Sie dafür, dass Sie selbst das Leben schön und interessant finden, damit Ihr Kind Neugierde und Lust am Leben bekommt. Schmusen Sie miteinander und mit Ihren Kindern, solange die das mögen: »An Mamas Busen kann man so schön schmusen – doch Vaters Bauch tut's auch!« Und genießen Sie es. Zärtlicher Körperkontakt ist weder eine elterliche Dienstleistung noch brauchen Sie sich darum zu sorgen, ob Sie dabei Ihre Kinder für Ihr eigenes Wohlbefinden »benutzen«, solange Sie dabei »reinen Herzens« sind. Sorgen Sie dafür, dass Sie in Ihrem Leben wenigstens ein paar Konstellationen entdecken, die in Ordnung sind und für die Sie dankbar sein können, und sprechen Sie darüber. Kleine Kinder in ihrem Größenwahn kommen nämlich sehr leicht auf die Idee, sie wären am Elend ihrer Eltern schuld, wenn die hauptsächlich über Sorgen und Probleme reden. Wenn Sie es hinbekommen, dass Ihre Kinder das Gefühl bekommen, sie wären am Glück ihrer Eltern schuld, dann haben Sie einen wichtigen Grundstein gelegt. Dann brauchen Sie sich nicht an der Diskussion zu beteiligen, ob und wie viel Sie arbeiten dürfen, wie lang oder kurz Sie zu Hause sein müssen, ob Sie allein oder mit einem bzw. einer oder mit mehreren anderen zusammenleben.

Ich kenne eine (alleinerziehende) Mutter, die mit ihren beiden Jungs objektiv kein leichtes Leben hat – aber immer wenn sie einen ihrer Jungs sieht, strahlt sie über das ganze Gesicht. Und ob Sie es mir glauben oder nicht: Ihre beiden Söhne bemühen sich auf ganz unterschiedliche Art und Weisen, dieses Strahlen hervorzuzaubern. Auch im Hinblick auf den späteren Umgang mit Frauen finde ich das nicht schlecht. Wenn nun auch der dazugehörige Vater es schafft, dass seine Frau und seine Kinder strahlen, wenn sie ihn sehen, dann ist diese Zeit, trotz aller Belastungen, eine schöne Zeit.

5. Die Heranwachsenden, oder: Ist Verrücktsein in der Pubertät normal?

Franz Resch, der Direktor der Heidelberger Kinder- und Jugendpsychiatrie, hält öfter mal einen Vortrag mit dem Titel: »Ist Verrücktsein in der Pubertät normal?« – eine Frage, die er unumwunden bejaht. Jungen und Mädchen werden in der Pubertät auf unterschiedliche Weise verrückt. Leider dauert dieser Zustand zwei bis drei Jahre oder auch noch länger – allerdings mit Zwischenphasen relativer Normalität zur psychischen Erholung beider Teile: des pubertierenden Jungen und seiner sozialen Umgebung. Die meist kurzen luziden Momente lassen Eltern und Lehrer aufatmen und denken: Jetzt ist alles wieder in Ordnung und geht seinen normalen Gang – aber nichts da, sogleich oder sehr bald kippt alles wieder um und wird unverständlich. Verrücktsein heißt ja nichts anderes, als neben die Ordnung, die wir kennen und die wir als normal empfinden, zu treten bzw. getreten zu werden. Diejenigen Verrückten, die freiwillig und gewissermaßen kontrolliert daneben- und wieder zurücktreten, die also über ihr Verrücktsein selbst verfügen, sind hier nicht gemeint. Und dennoch gerät die Umgebung eines pubertierenden Jungen leicht in die Versuchung zu meinen, er sei in der Lage, über seine Verrücktheit zu verfügen, und müsse sich nur anstrengen, dann brächte er es fertig, einigermaßen normal zu sein. Das ist aber so nicht. *Es* überkommt ihn, er ist seinen Stimmungen, seiner Trägheit, seiner Ablehnung und Aggressivität ausgeliefert und hat genug damit zu tun, *es* am Eskalieren zu hindern. Wie Sie nun schon zu Recht vermuten, sind *es* schon wieder die Hormone, die dafür verantwortlich sind. Schon wieder ein Testosteronschub! Und wieder erwischt es den einen mehr, den anderen weniger. Dass hormonelle Schwankungen für Stimmungsschwankungen verantwortlich sein können, wissen zumindest alle Frauen, die ein prämenstruelles Syndrom haben – manchen geht man zum Beispiel jeden Monat zwei Tage vor dem Beginn ihrer Menstruation tunlichst aus dem Weg –, sie sind dann ohne Rücksicht auf Verluste bereit, jede noch so schöne Freundschaft aggressiv und gnadenlos zu verhackstücken. Wenn sie schlau sind, bleiben sie schön zu Hause und warten ab, bis sie wieder sozial verträglich geworden sind, oder sie kreuzen vorsorglich die entsprechenden Tage im Kalender rot an und warnen vorausschauend alle ihre Lieben, d.h. die, die es weiterhin bleiben sollen. Ich kenne sogar einen Ehemann, der seinen Terminkalender in diesem Sinne führt und gern die Gelegenheit nutzt, an solchen Tagen außer Haus zu sein.

Bei pubertierenden Söhnen verhindert die Unberechenbarkeit der Hormonschwankungen ein solches beziehungsschonendes Vorgehen. Sie können zwar nichts dafür, aber sie finden es ehrenrührig, wenn man sie als »psychisch gestört« betrachtet, man sollte sich nicht über sie amüsieren, das reizt ihren Zorn, man kann ihnen Unverschämtheiten nicht unkommentiert durchgehen lassen und muss starke Regelverstöße zurechtweisen und unterbinden – all das macht das Leben mit pubertierenden Knaben anstrengend und manchmal sehr unerfreulich. Während ihrer Pubertät sind die Jungen auch wesensmäßig »Mischwesen«, manchmal sehr klein, ängstlich und anschmiegsam und manchmal schon richtige Männer oder was sie dafür halten. Dann sind sie frech und schlagen über die Stränge und hassen es, irgendwelche Ratschläge oder Regeln zu befolgen. Hinzu kommt, dass ihr Gehirn hin und wieder nicht richtig funktioniert – dass sie also auch »verrückt« denken, meistens ohne es selbst zu merken. Man kann nicht sagen, sie würden an dem Durcheinander in ihrem Kopf, an ihrer Desorientierung und Konzentrationsstörung leiden, nein, *sie* leiden nicht.

Ihre kognitive Entwicklung macht, ebenso wie ihre Physiologie, qualitative Sprünge, und das geht so: Bevor ein Sprung nach vorne stattfinden kann, geht es zuerst einmal wieder rückwärts, anders gesagt, es widerfährt ihnen eine geistige Regression in ein frühes, möglicherweise sehr frühes Entwicklungsstadium. Man hat den Eindruck, dass sie vieles vergessen haben, was sie schon einmal wussten. Das ist im Übrigen eine durchgängige Regel beim Lernen, die zum Beispiel auch diejenigen kennen, die sich eine Fremdsprache aneignen wollen. An einem gewissen Punkt geht es nicht weiter, es stagniert, man fällt auf ein primitives Stadium zurück. Aber dann, ganz plötzlich, fängt man an, in der neuen Sprache zu denken, das Reden wird flüssiger und man hat einen ordentlichen Sprung nach vorne gemacht. Genauso ist das bei der Entwicklung des Denkvermögens, ganz besonders deutlich in der Pubertät. Denn während dieser Zeitspanne unterliegt das Gehirn massiven Umbauprozessen seiner neuronalen Verknüpfungen.

Nicht immer, aber sehr oft, tauchen diese, sich selbst unähnlichen, männlichen Wesen nach ihrem letzten Pubertätsschub aus ihrem kognitiven Unvermögen auf, schütteln sich innerlich, werden wieder kenntlich und holen alles Versäumte nach, konzentrieren sich und machen gute Schulabschlüsse.

Zuvor jedoch, und eben leider über einen langen Zeitraum, sieht es so aus, als könnten und wollten sie nichts lernen. Die Schule ist für sie eine Last, sie lungern herum, sind faul und träge. Frank Beuster, selbst Lehrer, schildert, wie der Titel seines Buches »Die Jungenkatastrophe« illustriert, sehr eindrucksvoll das schulische Versagen vieler Jungen, von Anfang ihrer Schulkarriere bis zum bitteren Ende – und gleichzeitig den unaufhaltsamen Aufstieg der Mädchen auf der Karriereleiter, angefangen vom Kindergarten bis in die Chefetagen des Managements. Wenn ich diese Schilderungen lese, wie es den Jungs so ergeht bzw. ergehen kann, dann erfüllt mich stellvertretend große Verzweiflung, und ich frage mich, wie so ein kleiner und heranwachsender männlicher Mensch all diese Frustrationen seines doch durchaus angeborenen Erfolgswillens ertragen kann – können viele ja nicht und werden aggressiv oder gehen lieber gar nicht mehr in die Schule.

Ich empfehle, dieses Buch zu lesen! (Beuster 2006) Es ist eine zutreffende Beschreibung der Lage, und die ist für Eltern, Lehrer und Schüler aus zwar unterschiedlichen Gründen, aber gleichermaßen unerträglich. Beuster ist aber erfahren genug, um zu wissen, dass auch in der Schule bei den Jungs zuerst das »primäre Bedürfnis nach Beachtung erfolgreich gedeckt sein« muss, bevor etwas anderes möglich wird. Und er versteht folglich Störungen und Provokationen als einen Hilferuf: »Kümmere dich um mich!« So kommt er zu dem Schluss: »Jungen machen mit ihrem Verhalten deutlich, dass eine gezielte und auf ihre Andersartigkeit hin ausgerichtete Erziehung und Bildung nottut. Die Schule, so wie sie sich in unserer modernen Gesellschaft entwickelt hat, gibt Jungen wenig Chancen – sie ist für Jungen nicht geeignet.« (a. a. O., S. 73) Apropos moderne

Gesellschaften: In Finnland – etwa keine moderne Gesellschaft? – erreichen bis zu 85 % der Jungen *und* der Mädchen eines Jahrgangs den Zugang zum Hochschulstudium, in Deutschland ist es gerade mal ein Drittel des Jahrgangs bei den Jungs.»Jungen sind zu den Verlierern im Bildungssystem geworden.« (Beuster, S. 58.) Da fragt man sich doch, wie wir das hinbekommen haben.

Wir sollten die Schule neu erfinden

Eine Erklärung, die gleichzeitig eine gewisse Lösung enthält, ist die Erkenntnis, dass Jungen andere Lernformen brauchen als Mädchen – schon im Kindergarten, aber besonders in der Zeit ihrer Pubertät, wenn sich ihre männliche Identität anbahnt. Deshalb wäre es sicher gut, in diesen Jahren die Koedukation auszusetzen. Wolfgang Bergmann, Familientherapeut und Fachbuchautor (z. B. Bergmann 2008), monierte kürzlich in der Frankfurter Rundschau (28. April 2008), dass die Computer-Kids im Unterricht nicht zum Zuge kommen. »Die modernen Jungen haben sich auf die Umwälzungen unserer Kultur intuitiv eingestellt. Sie haben eine Witterung für das Kommende. Vieles von dem, was Jungen als Problem zugeschrieben wird, gibt sich, bei näherem Hinsehen, als Eigenart digitaler Wissens- und Kommunikationssysteme zu erkennen ... Auf den Finanzmärkten geht es zu wie in Computerspielen, in den Banken werden fortwährend Daten angeliefert, die permanentes Umdenken erzwingen.« Dagegen ermüden sie rasch »angesichts der gleichmäßigen Ordnung der alphabetischen Zeichen, der Hierarchie der Grammatik, dem gleichförmigen Fluss des Lebens ... Alles normativ Geordnete langweilt sie, das Befolgen von methodisch vorgefertigten Lernstufen, der langsame Aufbau von Wissen widerspricht ihrer Mentalität ... Wo sie ohne Enge, ohne penetrante methodisch verregelte Vorschriften agieren und kommunizieren dürfen, wo sie Strategien und Lösungswege finden und erfinden können und dabei immer sehr schnell agieren, frei beweglich und schwebend ... Dort sind diese Jungen mit ihrer Kreativität und Intelligenz ganz bei sich.« Jungen brauchen demnach handlungsorientiertere Lern- und Arbeitsformen, die ihr Organisationstalent, ihre Kreativität, ihren Gruppensinn, ihren Mut herausfordern. Und möglicherweise hätten da auch die männlichen Lehrer größere Lust zu unterrichten. (Weitere Vorschläge finden sich bei Boldt 2004 und Geißlinger 1999.)

Für die Jungen und Mädchen, die derzeit den neuen G8-Zug im Gymnasium durchlaufen, in dem – just für die 12- bis 13-jährigen Kinder in der Pubertät – drei Schuljahre zu zweien zusammengepresst wurden, ist diese Zeit »nicht einfach«, wie auch Lehrer und Eltern beklagen. Besonders schwierig ist das wiederum für die Jungs mit ihrem größeren Bewegungsdrang. Sie sitzen täglich sechs bis sieben Stunden im Klassenzimmer. Wenn sie Glück haben, bietet ihnen die Schule ein warmes Mittagessen, wenn sie Pech haben, nicht. Dann noch mal zwei Stunden in der Hausaufgabenbetreuung, ebenfalls sitzend. Danach noch Vokabeln und anderen Lernstoff für diverse Tests und Klassenarbeiten lernen – vermutlich wieder sitzend, wer lernt schon Vokabeln beim Joggen? Um dann noch ein wenig vor dem Computer oder Fernseher sitzend zu entspannen. Der Schulsport und Sport-AGs können so viel Sitzen nicht ausgleichen. Wen wundert es, dass die Jungs im Unterricht unruhig sind, herumkaspern, nicht still sein können?

Wenn ich so an meine eigene Schulzeit zurückdenke: Das Schlimmste für mich war, dass ich den ganzen Vormittag lang sitzen musste. Vermutlich bin ich deshalb nie sitzen geblieben, sonst hätte ich noch ein Jahr länger sitzen müssen. Was mich des Öfteren rettete, war der Gedanke, dass ich bei meiner Oma ein Fahrrad stehen hatte, und wenn ich es sitzend nicht mehr aushielt, meldete ich mich krank und fuhr die 30 Kilometer nach Hause, wo ich ungefähr gleichzeitig mit den anderen ankam, die mit dem Zug heimfuhren. Ganz sicher wäre es für mich noch viel schlimmer gewesen, wäre ich ein Junge gewesen! Da kann man unseren Jungs nur wünschen, dass sie ohne größere körperliche und psychische Störungen über diese Zeit hinauswachsen und dann noch genügend Lust und Selbstwertgefühl aufbringen, sich zu verlieben.

Für Eltern bleibt während der Pubertät ihres Sohnes oft nur der Gedanke, dass in diesem oft rüpelhaften, faulen, großkotzigen Kerl immer noch irgendwo verborgen der liebenswerte, aufrichtige, vernunftbegabte Sohn steckt, an den sie sich gut erinnern können und der – hoffentlich bald – wieder zum Vorschein kommen wird, wenn dieser ganze Spuk vorbei ist. Aber Vorsicht! Der Sinn der schrecklichen Inszenierung ist ja gerade, dass danach ein anderer vor uns steht. Und es gibt keinen Grund zu Genugtuung, wenn die Pubertät bei einem Jungen ohne Getöse und Kampfgeschrei oder tiefe Traurigkeit und Schmerz quasi unmerklich und »normal« vorübergeht, denn möglicherweise hat da die Metamorphose vom Knaben zum Mann in dieser wichtigen Zeit gar nicht stattgefunden – und muss vielleicht später umso schmerzlicher nachgeholt werden.

Übergänge und Rituale

Bei den Mädchen ist der Übergang, eine Frau zu werden, ein natürlicher Vorgang. Sie bekommt ihre erste Regelblutung, was sie mehr oder weniger irritiert, erschreckt oder auch schmerzt; sie entwickelt weibliche Formen, deren sie sich vielleicht anfangs schämt, bis sie merkt, dass die anderen, etwas »zurückgebliebenen« Freundinnen sie glühend darum beneiden; und sie ist für eine lange Zeit damit beschäftigt, eine »richtige«, d. h. schöne und begehrenswerte, Frau zu werden. Wie Letzteres definiert ist, hängt natürlich vom Zeitgeschmack ab und erfordert möglicherweise hohe Investitionen an Geld und Disziplin – etwa beim Essen. Ich will nicht sagen, dass die Pubertät der Mädchen einfacher verläuft, aber ihre Funktion ist eine andere. Denn die Frage, wie aus einem Knaben ein Mann wird, ist nicht so leicht zu beantworten und der Übergang kein natürlicher Vorgang, also nichts, was einfach so geschieht, was man abwarten und dann vielleicht feiern kann – nein, es muss etwas *getan* werden! Denn Männer werden *gemacht*! Wenn wir uns eines Tages trauen werden, unsere Söhne nicht mehr zu Männern zu machen, dann werden aus ihnen vielleicht ganz einfach mehr oder weniger besondere Menschen, mit ganz unterschiedlichen Eigenheiten, und dann stellt vielleicht niemand mehr in einem Formular die Frage *w* oder *m* zum Ankreuzen, weil das biologisch gesehen unwichtig und gesellschaftlich und individualpsychologisch gesehen gar nicht mehr eindeutig entscheidbar sein wird. Zur Zeit, in der unsere Jungs gerade pubertieren und erwachsen werden, empfiehlt sich das allerdings nicht, denn so ein allgemein menschliches Wesen würde sich, wie ich vermute, als ein Zwischen- bzw. Zwitterwesen erleben und sich nach

Gruppenzugehörigkeit sehnen: Dazuzugehören und als zugehörig anerkannt zu werden ist in diesem Alter ein wichtiges Ziel. Sie wollen Männer werden und Männer sein.

In allen Kulturen der Welt gibt bzw. gab es für die Jungen Übergangsrituale, Initiationsriten, die durchlaufen, d. h. durchlitten werden mussten, damit der Knabe zum Mann wurde. Wir denken dabei eher an primitive bzw. wilde Stämme, aber, wie wir sehen werden, lassen sich solche Rituale auch in zivilisierten Gesellschaften finden. Sie haben sehr unterschiedliche Formen.

Den traditionellen Übergangsritualen hinterliegt jedoch immer eine Folie von Gemeinsamkeiten hinsichtlich ihrer zeitlichen Abfolge und ihrer Funktion. Die Jungen werden zuerst von ihren Müttern bzw. von den Frauen, in deren Obhut sie sich bis dahin (manchmal fast ausschließlich) aufgehalten haben, entfernt, und zwar rigoros, abrupt und vollständig. Kein Zweifel, dass dies für die Knaben, die zu diesem Zeitpunkt noch Kinder sind – es trifft oft schon die 8 bis 10-Jährigen – aber auch für ihre Mütter ein schweres Trauma darstellt. In Nordamerika, wo es ja offensichtlich noch echte Männer zuhauf gibt, werden schon kleine Jungen, kaum sind sie in der Schule, in mehrwöchige Ferienlager verfrachtet – gut betreut natürlich, dennoch allein und ohne mütterlichen Schutz, auch ohne die Möglichkeit, sich aus dem allgegenwärtigen sozialen Konkurrenzdruck zurückzuziehen. Für die Mütter wird das Trennungstrauma nur durch gemeinsam geteilte Ideologie, also dem Bewusstsein, eine wichtige soziale Norm zu erfüllen, abgemildert. Eine solche soziale Norm muss nicht begründet oder gerechtfertigt werden, besonders dann nicht, wenn sie über viele Generationen tradiert worden ist. Sätze wie: »Das war schon immer so. Wenn du das nicht tust, gehörst du nicht (mehr) zu uns. Was sein muss, muss sein!« entfalten, gerade weil man gegen sie nicht argumentieren kann, eine ungeheure Macht.

Was es jeweils ist, was unbedingt sein muss, ist so breit gefächert, dass man auch sagen könnte: Was irgend ausdenkbar ist – und für irgendwen einen (verborgenen) Nutzen hat –, kann zur ideologischen Verbindlichkeit werden, gegen die Einzelne in einer Gesellschaft nur schwer, oft um den Preis des Ausgestoßenwerdens oder auch gar nicht ankommen. Das gilt auch für die Frauen: Denken wir nur an die Beschneidungen von Mädchen oder an chinesische Fußverstümmelung – beides wurde bzw. wird von Frauen vorgenommen oder unterstützt, die selbst Opfer solcher Rituale gewesen sind.

Die Übergangsrituale für die Jungen werden meines Wissens nur von Männern durchgeführt, auch deshalb, weil die Jungen von den Frauen getrennt werden sollen. Dann werden sie einem Zustand der Nichtidentität ausgeliefert, das heißt, in einem »Niemandsland«, oft allein in der Wildnis ausgesetzt. Sie durchleben eine Zeit der Verlassenheit und Angst, sie verlieren ihre soziale Zugehörigkeit, befinden sich in einem Weder-noch. Dieses äußere räumliche Weder-noch bildet genau die innere psychische Identitätslosigkeit ab, die der Pubertät eigen ist. Danach kehren sie in einen sozialen Kontext zurück, der für eine gewisse Zeit ausschließlich aus Männern besteht. Von diesen werden ihnen aktiv Schmerzen und schwere Verletzungen, Demütigungen und Ängste zugefügt, die sie tapfer, und ohne Gefühlsregungen zu zeigen, überstehen müssen. Wenn wir zurückdenken, wie sensibel und störbar kleine Jungen nach ihrer Geburt sind, so verstehen wir nun auch, wie massiv die »Erziehungsleistung« sein muss, um aus ihnen einen

»richtigen« Mann zu machen. Denn, zum Mann wird man »gemacht«.

In verschiedenen Gesellschaften mit ihren unterschiedlichen Anforderungen, die sie an »den Mann« stellen, sind die Übergangstorturen diesen Anforderungen angepasst. Daraus kann man auch schließen, was man sich in verschiedenen Kulturen unter einem »Mann« vorstellt bzw. was man von ihm erwarten kann. In den am häufigsten berichteten Initiationsriten geht es um das Aushalten von Schmerzen, um körperliche Robustheit und Stoizismus im Ertragen von Folter, auch um den Erwerb der männlichen sexuellen Identität. Dafür gibt es die Anerkennung der männlichen Gruppe.

Wenn erwachsene Männer oder ältere Jungen, die die Riten bereits durchlaufen haben, diese an den Knaben durchführen, sollte man erwarten können, dass sie gewisse Grenzen einhalten, damit die Jungen dabei nicht sterben – sicher ist das nicht. Weshalb die Kinder oft unter schwerster Angst und Schock stehen und sich berechtigterweise dem Tod nahe fühlen. Auch bei den Beschneidungsritualen der Mädchen, die meist von den Müttern oder Tanten selbst vollzogen werden, wird das Mädchen danach oft allein im Busch zurückgelassen, und nicht selten stirbt es. Die Gnadenlosigkeit solcher Rituale erscheint uns unverständlich. Dahinter steht aber immer eine gemeinsam geteilte, unüberschreitbare ideologische Forderung.

Diejenigen Männer, die die Übergangsrituale vollziehen, haben selbst schwere »Leiden« erdulden müssen, um ihren Status zu erlangen. Sie setzen die Hürde für die Nachkömmlinge hoch – was nicht selten eine gewisse Rachsucht, manchmal auch Sadismus, durchscheinen lässt. Dies gilt durchaus auch für manchen »Prüfer« in schulischen und universitären »Übergangs«-Kontexten, wenn wir uns unsere eigene Kultur einmal daraufhin betrachten.

Manche Übergangsriten haben nämlich vordringlich die Funktion, den Jüngeren Unterwerfung unter die Autorität und Macht der Älteren bzw. der erwachsenen Männer beizubringen. In England wussten (wissen?) die Eltern kleiner Jungs sehr wohl, was diese von den älteren Jungen zu erwarten hatten, wenn sie ins Internat kamen: Schikanen, Demütigungen, heute würden wir sagen: ritualisiertes Mobbing – was ihre körperliche und psychische Durchhaltefähigkeit schwer auf die Probe stellte. Den Rekruten in der militärischen Grundausbildung widerfährt Ähnliches. Das hat seine innere (Psycho-)Logik: Ohne anerkannte Hierarchie sind Kriege nicht möglich. Und der Preis dafür, dazuzugehören, muss (offenbar) hoch sein.

Mir scheint, dass die, auch und oft gerade von »Kameraden« geteilte, Verurteilung von Deserteuren jeglicher Couleur die Rückseite genau dieser Medaille widerspiegelt: Wenn sich jemand einer Gruppenverpflichtung entzieht, die schmerzhaft erkauft wurde und weiterhin teuer bezahlt werden muss, und wenn er damit eine gemeinsam geteilte Ideologie infrage stellt, so muss er verstoßen, geächtet, vielleicht sogar getötet werden: Faschistische Ideologien, Armeen, Sekten, religiöse Fundamentalisten, ethnische oder Familiensippen verlangen bisweilen strikte Unterwerfung und Regelkonformität, was den Heranwachsenden rechtzeitig von den rechtmäßigen Mitgliedern des männlichen Standes klargemacht wird.

Für die Mädchen und heranwachsenden jungen Frauen der noch nicht so fernen Vergangenheit waren die »guten Sitten«, also das, was sich für sie gehörte, nicht weniger bindend und der Verstoß gegen sie nicht weniger gefährlich, auch, wenn die »Verstöße« ihnen – meist von Männern – angetan und aufgezwungen wurden. Dass »die bösen Mädchen« heute überallhin kommen (können), ist eine relativ neue Errungenschaft, die gottlob nicht mehr zurückgedreht werden kann.

Nun gibt es in unserer derzeit stark entritualisierten Gesellschaft – ein Faktum, das sich historisch leicht verstehen lässt – dennoch viele Gelegenheiten für werdende Männer, in ihre eigene männliche Identität hineinzuwachsen. Also: Wie schaffen heute unsere Jungs den Übergang zu ihrer eigenen Männlichkeit?

Bei uns ist es zum Beispiel wichtig und gerade für Jungs eine Herausforderung, öffentlich hervorzutreten, eine Rede, einen Vortrag zu halten.

Wenn ich zurückdenke, was es uns Schüler, insbesondere die Jungs, in den 50er-Jahren an Aufregung und Angstschweiß gekostet hat, das erste Referat vor versammelter Klasse und einem bekanntermaßen arroganten Lehrer zu halten, bin ich heilfroh, dass unsere Kinder heute damit sehr früh und spielerisch beginnen, auch mit dem Instrumentenvorspiel in den Musikschulen, mit Tanz und Theater und anderen öffentlichen Auftritten. Auch hier tun sich die Mädchen oft leichter, aber viele Jungen schätzen öffentliche Auftritte ebenfalls und genießen die damit verbundene Aufmerksamkeit. Für Bewunderung strengen sich auch pubertierende Jungs durchaus einmal an.

Was gucken die Jungs im Fernsehen? Viele, viele Heldenstücke! Und falls die Helden grausam sind, muss man aber doch genau hinschauen, ob sie nicht gerade dabei sind, die Demokratie oder sonst was Gutes in der Welt zu retten. Sie gucken natürlich auch nach den Helden des Fußballs und den schwarzen Rugby-Spielern, und sie gucken: Deutschland sucht den Superstar. So kam ich in den Genuss, etwas Neues zu kapieren: Das war kein Zuckerschlecken – das war ein Übergangsritual! Mit verbalen Prügeln, sprachlichem Unrat, Bloßstellungen, auf die Folter spannen – also Angst und Demütigung – und das öffentlich! Deutschland, d.h. der Teil, der sich das zugemutet hat, war empört. Und diese, zum Teil sehr jungen Menschen hatten die Aufgabe, dem standzuhalten, eine gute Figur zu machen, nicht einzuknicken – und sie machten in dieser kurzen Zeit eine Entwicklung durch, die sehenswert war! Die zuschauenden Jungs – die meisten gleichaltrigen Mädchen schauten sich währenddessen die Modelshows an – waren beeindruckt. What to take home: Wenn du was werden willst, musst du was einstecken können.

Und was machen die, die nicht wirklich dabei sind, weil sie nicht singen können oder sich nicht trauen? Sie schauen fern, wie gesagt, um zu sehen, wie es geht zu gewinnen. Dabei vollziehen sie eine virtuelle Identifikation – die ihnen jedoch realiter nichts einbringt.

Als Alternative inszenieren sie selbst gefährliche und schmerzhafte Rituale, bleiben dabei unter sich, d.h. in ihrer eigenen Altersgruppe, und werden – da sie nicht gesehen und sozial anerkannt werden für ihre Heldentaten – nicht zu Männern. Sie stoßen ins Leere. Daher vielleicht der Wiederholungsdrang, was bei einem »echten« Übergangsritual nicht nötig ist: Das übersteht man einmal, dann ist man durch. Hier dagegen die ständige Wiederholung: Saufen bis zum Umfallen, Piercen, Kiffen, Klauen, Ballern und vieles andere, was wehtut und riskant ist. Seit Neuestem sogar Hakenschwingrituale! Und trotzdem: »Es guckt wieder kein Schwein!« Zumindest nicht mit Bewunderung. Eher mit abfälligem Kopfschütteln: Was soll das denn? Braucht er das? Wird schon vorübergehen! Hoffentlich bald!

Es liegt mir wirklich fern vorzuschlagen, dass wir zu irgendwelchen schreckenerregenden Übergangsritualen zurückkehren sollten – zumal ich als Mutter und Großmutter von Knaben das Recht habe, derlei zu missbilligen und mich um sie zu sorgen.

Aber ich hielte es für gut, wenn erwachsene Männer für die Jungen dieses Alters ein öffentliches oder familiäres Ritual inszenieren würden, in dem die Jungs soziale Anerkennung und Bewunderung erwerben können bzw. müssen. Dabei hätten wir Erwachsenen auch einmal die Gelegenheit zu überlegen, was es in unserer eigenen Familie und in der derzeitigen Gesellschaft bedeuten könnte, ein Mann zu sein, seinen Mann zu stehen, was wir als wünschenswert erachten und wofür wir bereit wären, einem Mann Beifall und Anerkennung zu zollen. Es wäre auch eine gute Gelegenheit, einmal nachzuschauen, was in so einem »kleinen« Mann schon an Männlichkeit drinsteckt, was seinem Naturell entspricht, was er schon gut kann – und ihm dafür öffentlich zu applaudieren.

Ein Ritual dieser Art veranstaltete im Juli 07, zwei Wochen vor Beginn der Sommerferien, ganz Bayern, flächendeckend, für seine Jugendlichen – Jungen wie Mädchen – mit dem Titel: »72 Stunden bayrische Helden«. Das war ein gut und lang vorausgeplantes Aktionswochenende – immerhin drei volle Tage – für unterschiedliche soziale bzw. gemeinnützige Projekte. Nur als Beispiel: einen Spielplatz gestalten, eine Unterführung bemalen, einer 80-Jährigen ihren Geburtstag ausrichten – das konnten sich die Jugendlichen aussuchen. Man hätte das Ganze auch »Soziales Wochenende« nennen können.

Aber nein: Klug, wie die Bayern nun einmal sind, wussten sie, worauf es ankommt: Auf das Heldentum! Denn es war wahrlich heldenhaft, was die jungen Leute in dieser kurzen Zeit vollbracht haben, zum Teil in Nachtschichten, unter reger Beobachtung und Anteilnahme der jeweiligen Nachbarn, die sie mit Essen und Trinken versorgten und: bewunderten! In Rundfunk und Fernsehen wurden sie gezeigt, und ihre Begeisterung – auch für sich selbst! – war schier grenzenlos. So soll das sein!

Frank Beuster, der oben schon zitiert wurde, berichtet über ein ganz anderes Ritual, das er seit Jahren den Jungen seiner Schule anbietet – er ist Lehrer, auch Sport- sowie Vertrauenslehrer und kennt seine Schüler gut. Einmal im Jahr geht er für eine Woche mit mittlerweile 35 Schülern in ein ökumenisches Mönchskloster nach Burgund, genauer nach Taizé, wo sie, manchmal mit mehreren tausend Jungendlichen aus aller Welt zusammenkommen. Dort »unterwerfen« sich alle, unhinterfragt, den täglichen Riten des Klosterlebens, dem einfachen, frugalen Tagesablauf, schweigen, nehmen dreimal täglich am gemeinsamen Gebet der frommen Brüder teil, und keiner stellt die Regeln infrage, und jeder kann, ohne sich rechtfertigen zu müssen, seinen spirituellen Bedürfnissen nachgehen oder auch nicht. Die Autorität dieser Lebensweise wird durch jeden einzelnen der 100 Mönche verkörpert, da gibt es nichts zu diskutieren, nichts zu verhandeln, nichts zu ändern. Und hier erleben die Jugendlichen »Männer einmal ganz anders«. (Beuster 2006, S. 317)

Die Attraktivität solch streng geregelter Lebensformen für Jungen ist groß, seien es nun Kungfu-Schulen, die Shaolin-Bewegung oder die zeitlich begrenzte Unterwerfung unter das strenge Reglement bestimmter Sportarten. Wichtig dabei ist, dass das Reglement, so streng und anstrengend es auch sein mag, nicht persönlich, sondern durch die Sache

legitimiert ist und von einem erwachsenen Mann mit natürlicher Autorität vertreten wird – das heißt, nicht der persönlichen Willkür eines Führers oder Meisters unterliegt,
wie es im Sektenwesen oder in faschistischen Gruppierun-
gen der Fall ist. Jungen des entsprechenden Alters können
das allerdings nicht immer genau unterscheiden, weil die
Jungen Ideologien noch nicht von ordnungsstiftenden Ri-
tualen unterscheiden können und sich manche »Führer«
sehr geschickt tarnen. Deshalb ist vonseiten der Erwachsenen Aufmerksamkeit geboten.

Allerdings brauchen Jungen Männer. Nicht nur als Vorbilder, zum Nacheifern – dafür ist die Zeit, in der wir leben, fast schon zu schnelllebig geworden, als dass ein erwachsener Mensch für einen Jungen zum Vor-Bild werden
könnte – die Generationen leben definitiv in unterschiedlichen Welten. Aber Vorbilder oder Mentoren in dem Sinn,
dass der ältere Mann als Verkörperung männlicher bzw.
menschlicher Tugenden vom Jugendlichen anerkannt
wird, sind unverzichtbar. Auch ein älterer Junge hätte z. B.
selbst erhebliche Profite davon, wenn er in der Schule als
Mentor für einen jüngeren pflichtgemäß eingesetzt würde.
Solche Mentor-Protegé-Beziehungen entstehen in jungen
Jahren sehr selten von selbst. Wenn an unseren Schulen
solche Verpflichtungen – dass sich ein älterer Schüler verantwortlich um einen jüngeren kümmern muss – etabliert
würden, so hätten wir schon einen wichtigen Schritt getan.
Der ältere müsste Verantwortung übernehmen, er müsste
hinschauen, mit wem er es zu tun hat, das heißt, er würde
lernen, die Individualität des ihm Anvertrauten zu berücksichtigen. Er würde merken, ob er als Autorität anerkannt
wird, und nicht zuletzt würde er wissen, ob er die Regeln
bzw. den Lehrstoff beherrscht, denn wenn man jemandem

etwas erklären muss, merkt man das so am besten. Und der jüngere würde erkennen, wohin die Reise geht, denn sehr bald wird er in dieser Rolle sein. In der früheren DDR gab es solche Mentoren, die aber nach der »Wende« schnell abgeschafft wurden, weil sich unser eigenes Schulsystem doch so gut bewährt hatte. Dabei böte es sich an und wäre leicht zu bewerkstelligen, in unserem Schulsystem solche Mentor- oder Tutorbeziehungen (wieder)einzuführen. Genauso, wie in manchen Schulen die älteren Schüler die jüngeren in verschiedenen Sportarten trainieren, was denen das Gefühl gibt, schon groß zu sein. So, wie es in Stammes- oder kleineren ländlichen Gesellschaften für den kleinen Jungen eine Ehre ist, mit seinem Vater oder einem Onkel in deren typisch männliche Aktivitäten, z. B. ein Boot bauen, Holz hacken, angeln oder jagen, einbezogen zu werden.

Von wann ab Jungen zu den Männern gehören und – was vor allem wichtig ist – sie sich aus der vor- und beherrschenden Obhut ihrer Mütter entfernen dürfen, ist dabei eine wichtige Frage, die in Kulturen, in denen Frauen und Männer getrennte Aufgaben und Lebensräume haben, leichter zu entscheiden ist. Auch bei uns sind die Lebensräume getrennt, und nur sehr selten wird ein Vater seinen Sohn mit in die Bank nehmen können, damit der sieht, wie er seine Kunden berät, oder ihn, falls er Arzt ist, daran beteiligen, einen Blinddarm zu operieren. Söhne, die mit ihrem Tierarzt-Vater zu den Bauern in die Ställe gehen konnten, erinnern sich ihr Leben lang mit Begeisterung daran. Der Postbote könnte seinen Sohn mitnehmen, geht aber nicht, weil der morgens in der Schule ist. Also sind die Lebensräume der erwachsenen Männer und der heranwachsenden Jungs während der Wochentage getrennt, und falls der Vater am Wochenende Zeit und Lust hat, seinen Sohn an seinen Freizeitvergnügungen teilhaben zu lassen, hat er bzw. haben sie beide Glück gehabt. Eine Teilhabe am ernsten Leben eines Mannes mit seinen Verantwortlichkeiten, Kämpfen und Ängsten ist das dennoch nicht.

Es gibt ernst zu nehmende Stimmen, die davor warnen, die Jungen zu lang in einem »Übergangsstadium« zu halten, wie es in den westlichen Gesellschaften zur Zeit üblich ist. Robert Epstein (2007) führt ein vehementes Plädoyer für die Wiedereinführung des Erwachsenenstatus für Jugendliche mit eigenständigen Aufgaben, Verantwortung, Rechten und Pflichten. Er argumentiert, dass sehr viele Pubertätsprobleme wie die zunehmende Häufigkeit von Depressionen, Spielsucht, Suiziden, Delinquenz daraus resultierten, dass die Jungen aus der Welt der Erwachsenen und damit des realen, wirkmächtigen Lebens ausgegrenzt und zu einer »Wartezeit« verdammt sind, in der sie ihre Potenziale und Vitalität nicht entfalten können. Für dieses Argument spricht, dass viele Jugendliche sagen, dass sie endlich mal anfangen möchten, richtig was zu tun!

Ablöseprozesse

Da wir in solch einer westlichen Gesellschaft leben, können wir vermutlich diesen wichtigen Entwicklungsprozess, vielmehr den qualitativen Sprung, der sich in den Jahren der Pubertät vollziehen soll, nicht allein den Kleinfamilien überlassen. Was ist also in dieser Zeit die Aufgabe der Erzieher?

Als Erstes würde ich denken, dass wir die Jungen dieses Alters an den Erkenntnissen der Neuzeit teilhaben lassen sollten, was hieße, unser Wissen mit ihnen zu teilen. Es wäre aus meiner Sicht fair und letztendlich auch nützlich, ihnen zu sagen, dass und warum sie in ihrer pubertären Zeit nicht recht bei Trost sind und dass sie »eigentlich« nichts dafür können – dennoch aber verantwortlich mit sich und ihrem Getriebensein umzugehen versuchen sollten. Ich denke an den Sohn einer Freundin, der nach pubertätsüblichen emotionalen Ausrastern und kognitiven Fehlleistungen in Form end- und fruchtloser Argumentationen immer mal wieder ankam und sagte: »Ich wollte eigentlich gar nicht so gemein zu dir sein, aber irgendwie musste ich.« Das gibt einer Mutter – einem Vater auch – die Gelegenheit, großzügig und humorvoll festzustellen, dass diese schwierige Zeit auch wieder vorbeigeht und Mann dann wieder leichter Herr der eigenen Emotionen und Gedanken werden kann – wenn auch nicht immer und überall, mit dem Zusatz: »Aber du weißt, dass das so nicht geht« und: »Pass auch auf, dass du dir nicht selbst schadest!« Die humorvolle Nachsicht gegenüber sich selbst und den eigenen Schwächen und dem eigenen Unsinn ist vielleicht eine der wichtigsten Errungenschaften, die diese schwierige Periode den Erwachsenen und den Jungen bescheren kann. Wenn die alten Griechen sagen: pueri puerilia tractant – Jungen verhalten sich jungenhaft, oder die Italiener mit einem nachsichtigen Unterton: sono giovani!, während sie gegenüber erwachsenen Männern, wenn sie Gleiches tun, mit Entrüstung sagen: *non* sono giovani!, so drückt das diese Nachsicht gegenüber einer Zeitperiode aus, in der die Jungen nicht voll verantwortlich für ihre (Misse-) Taten sind. Darunter fällt auch die unüberwindliche Trägheit und Faulheit, die diese Jungen bisweilen überkommt. Eine Kollegin kommentierte meine diesbezüglichen Klagen so: »In Argentinien stellen wir Mütter uns darauf ein, unseren Söhnen eine Zeit lang einfach das Essen und frische Socken ans Bett zu bringen. Alles andere nützt ja nichts und wäre zu anstrengend.« Obwohl wir also ziemlich genau wissen, was die Pubertät mit den Jungen macht, was ihnen alles passieren kann, wie wenig sie sich und ihr Tun unter Kontrolle haben, haben wir doch oft genug die Neigung, sie dafür zur Rechenschaft zu ziehen. Aus meiner Sicht wäre es besser, diese Zeit mit ihren gemeinsam zu tragenden Unbilden als eine »seltsame Erkrankung« anzusehen, bei der es eben eine Weile dauert, bis der Betroffene wieder genesen ist. Währenddessen benötigt er besondere Aufmerksamkeit und Fürsorge und oft einmal eine ordentliche Portion Humor, wenn wir gemeinsam feststellen müssen, dass sein Gehirn gerade mal wieder eine Großbaustelle ist, bei der so manches schiefläuft. Wenn wir sie aber behandeln, als ob sie könnten, wenn sie nur wollten, dann erleben sie ihr ganz reales Unvermögen als Hilflosigkeit und unsere Forderungen als Zumutung und reagieren mit offener Feindseligkeit oder stummem Rückzug.

Wenn Jungs dieses Alters nicht nur Unsinn treiben und »über die Stränge« schlagen, wozu ich auch Sachbeschädigungen zählen möchte, sondern sich gegen junge oder alte Menschen bösartig oder sogar gewalttätig verhalten, so würde ich gern vorschlagen, dies immer als einen provokativen Appell zu verstehen – den man nicht durch Strafen abwürgen sollte. Solch ein Junge braucht dringend und schnell jemanden, der sich seiner annimmt, was heißt, einen, der hinguckt, fragt, ihn ernst nimmt, ihn auch zurechtstaucht, ihm die Grenzen zeigt und vor allem: mit ihm diskutiert. Aus meiner Sicht ist das einer der offensichtlichsten Mängel der heutigen Lebenswelt, sei es zu Hause, in der Schule oder unter Freunden: der Mangel an Diskussion über Gott und die Welt. Wenn die Jungen einzeln vor ihrem Computer hocken – auch wenn sie sich miteinander vernetzen –, kommt kein richtiger Austausch zustande, vermutlich kommen sie gar nicht einmal darauf, dass sie innerlich etwas bewegt. Die Symptome in Form von Wut, Frechheit, loser Klappe und Schlägereien müssten nach meinem Verständnis dort, wo sie auftreten, sofort erkannt und beantwortet werden mit der Frage: »Was ist denn los mit dir? Stimmt was nicht? Hast du's gerade schwer?«

Halböffentliche Räume, wie z.B. Jugendzentren unter der Leitung eines erfahrenen Erwachsenen, sind gute Beobachtungsposten für Jungen, die Ansprache brauchen in einer Lebensphase, die wahrlich nicht einfach für sie ist.

Es ist gut, ihnen zu signalisieren, dass dies der steinige Weg zum Erwachsenwerden ist, den alle Männer haben gehen müssen. Etwas Ähnliches erleben Frauen vor und in der Geburt ihres ersten Kindes: Sie fürchten sich und sind doch versichert, dass Generationen Frauen vor ihnen Schwangerschaft und Geburt irgendwie überstanden haben. In dieser Zeit darf man die Jungs nicht mehr behandeln wie kleine Kinder – aber, anders als in Stammesgesellschaften, sind sie auch noch keine Männer. Sie werden nach und nach zu Jugendlichen mit anderen Rechten, Pflichten und Verantwortlichkeiten als zuvor. Und weil es nun einmal bei uns keine inszenierten Übergangsriten (mehr) gibt, abgesehen einmal von Konfirmation, Jugendweihe, Schulabschlüssen, die aber oft nicht als Übergänge erlebt werden, ist es angeraten, den Übergang selbst, also in der Familie, wenigstens zu markieren. Es ist nicht das Schlechteste, wenn die Mutter das für den Jungen tut, und zwar aus freien Stücken und mit Ernsthaftigkeit, damit der Sohn merkt, dass sie ihn »freigibt« – so weit er das möchte. Während ihrer Pubertät möchten das die Söhne durchaus, allerdings nicht abrupt und vollständig.

Das ist eine ambivalente Angelegenheit für beide – Mutter und Sohn. Es ist klar, dass sie sich lieben – aber keiner soll es sehen. Betütelung und Abschiedsküsse sind passé bzw. megaout. Eines der von meinem Sohn am meisten geschätzten Bücher war in dieser Zeit das von Tomi Ungerer über einen pubertierenden Kater mit dem Titel: Kein Kuss für Mutter.

Wenn ich fortan versucht war, meinen Sohn zum Abschied zu umarmen, fiel mir meist noch rechtzeitig der Kater ein, und ich sagte: »Also Tschüss, und kein Kuss von Mutter!« Dann mussten wir beide lachen, und das war fast so gut wie echt geküsst.

In den traditionellen Ablöseriten wurden die Söhne von den Müttern quasi gewaltsam getrennt und gehörten fortan zu den Männern. Nun, da bei uns die Mütter sehr oft beide Eltern vertreten (müssen), haben sie die Chance, diesen Ablöseprozess selbst zu initiieren und zu vollziehen, was bei dem Jungen eine deutliche Versicherung hinterlässt, dass es so in Ordnung ist. Ich sage das so ausführlich, weil in unserer Gesellschaft die Meinung vorherrscht, dass die Mütter ihre Söhne erst »hergeben« müssen, wenn diese aus dem Haus gehen, also nach dem Abitur – vielleicht bleiben sie ja auch finanzenhalber in der gleichen Stadt, juhuu! – oder wenn sie sich verheiraten, und dann auch nicht gern. Eine wirklich gebildete polnische Frau aus meinem Bekanntenkreis, mit zwei halbwüchsigen Töchtern und einem fast erwachsenen Sohn, sagte letzthin: »Ich hasse meine Schwiegertochter schon jetzt!« Ich: »Ja, ist sie denn irgendwie unsympathisch?« Sie: »Nein, er hat noch gar keine Freundin. Aber egal, wen er anbringt, ich werde sie hassen, das weiß ich jetzt schon.«

In Deutschland lebt fast die Hälfte aller jungen Männer

bis zu 24 Jahren noch bei ihren Müttern, bei den jungen Frauen dieses Alters ist es nur etwa ein Viertel. (Statistisches Bundesamt, zit. in Beuster 2006, S. 33) Das sollte nicht so sein. Und wenn schon keine äußere, räumliche Trennung möglich ist – die aus meiner Sicht eine gute Voraussetzung dafür wäre, sich erneut und in veränderter Form wieder liebevoll zu begegnen –, so doch unbedingt ein inneres sukzessives Entlassen aus der mütterlichen Sorge und Bevormundung. Der retrospektive Hass manches erwachsenen Mannes auf seine Mutter resultiert nicht aus deren fortdauernder Liebe, sondern aus der späteren Einsicht des Sohnes, welche Kränkung und Beschämung es bedeutet, dass sie ihm nicht oder zu spät zugetraut hat, ein eigenständiger und unabhängiger Mensch zu sein.

Wenn das Ablösen gewissermaßen scheibchenweise und freiwillig geschieht, dann muss es nicht erzwungen und erkämpft werden, was einige Pubertätsprobleme überflüssig werden lässt. Dafür ist ein kleines Ritual nützlich. Ich habe beispielsweise, weil mir nichts Besseres einfiel und ich gerade nicht im Lande war, meinem Sohn zu seinem 13. Geburtstag einen Brief geschrieben, in dem ich ihn zu einem Jugendlichen erklärte und ihm sagte, was ich ihm für seine Jugendzeit wünschte und ihm auch sagte, was ich – aus langjähriger Erfahrung mit ihm – von ihm dachte. Also lauter Dinge, auf die er stolz sein kann.

Dies »Ich erkläre dich zu ...« wird in der Linguistik »Performativ« genannt und ist der Ausdruck für eine verbale Zauberei, die von einem für diesen Zweck punktuell autorisierten Statushöheren ausgeführt werden kann. Zum Beispiel von einem Standesbeamten, der allein dadurch, dass er sagt: »Ich erkläre euch zu Mann und Frau«, eine völlig neue Realität herstellt.

Aber zurück zur innerfamiliären Zauberei: Mein Sohn verhielt sich ab sofort und fortan fast immer, zumindest mir gegenüber, wie ein Jugendlicher mit all den guten Verhaltensweisen und verbrieften Eigenschaften, die ich ihm zugesprochen hatte. Das ist natürlich Zauberei, genauso, wie es an Zauberei grenzt, dass nach einem Trauungsakt plötzlich Eheleute vor einem stehen mit all den Attributen, die solche auszeichnen (sollten). Die Volljährigkeit ist eine ähnliche Markierung, die ebenso Rechte und Pflichten verbrieft, von denen natürlich der Führerschein für die jungen Leute das Wichtigste ist.

Zurück zu meinem Sohn, der nun kein Kind mehr war. Wir gingen in ein großes Möbelhaus, ein neues, großes Bett zu kaufen. Der Verkäufer merkte sogleich, dass er mit mir nicht zu verhandeln hatte, denn mein Sohn musste entscheiden: welches Bett, welcher Lattenrost, welche Matratze – was er mit großer Sorgfalt, Ernsthaftigkeit und einem erheblichen Aufwand an Zeit auch tat. Nur wenn es um die Preise ging, wandte sich der Verkäufer mal kurz mir zu. Hinterher fragte mein Sohn: »Sag mal, warum hat der mich gesiezt?« – »Weil du dich wie ein erwachsener Kunde verhalten hast, und Kunden siezt man, das gehört sich so.«

Weiterhin schwanken die Jungen aber bis zum Ende der Pubertät zwischen Kind-Sein und Sich-erwachsen-Fühlen hin und zurück und, wenn es gut geht, pendeln sich in den kommenden Jahren immer mehr in die Erwachsenenrichtung ein – wobei sie hoffentlich nicht ganz den kleinen Jungen vergessen, der sie in irgendeinem Winkel ihres Männerherzens immer bleiben werden. Und dieser Kleine wird sich sein Leben lang an den Schutz und die liebevolle Fürsorge seiner Mutter erinnern, wenn sie ihn damit nicht erdrückt, bevormundet oder absichtlich klein gehalten hat.

Wenn sie ihn auch nicht in eine Rolle geschoben oder gezwungen hat, die ihn daran gehindert hat, ein Kind zu sein. Dann kann er »herauswachsen«, muss seine Mutter nicht verstoßen und kann sie weiterhin lieben.

Die Zwischenjahre zwischen der Pubertät und der Erwachsenenzeit sind noch einmal – so wie die Jahre vor der Pubertät – eine ruhige Zeit, wie das für Latenzzeiten typisch ist, damit die Entwicklung der eigenen Identität des jungen Mannes voranschreiten kann.

6. Adoleszenz, oder:
Wer bin ich und wer will ich sein?

Wenn ein kleines Kind anfängt, *ich* zu sagen, erlebt es sich dennoch nicht abgegrenzt und isoliert, sondern eingebettet in eine familiäre und soziale Realität, die unhinterfragt die einzige Realität ist, die es kennt. In der Pubertät wird es unsanft, oft brutal aus dieser Gewissheit hinausgeworfen und wird sich mit Verwunderung und Interesse oder auch mit mehr oder weniger Verzweiflung oder Wut bewusst, dass es »da draußen« noch ganz andere relevante Wirklichkeiten gibt und dass dieselbe Realität für andere Menschen, z. B. seine Brüder, Schwestern, Freunde, von ganz anderer Art ist bzw. sein kann. Der Junge fängt an, sich selbst und seine Familie mit anderen zu vergleichen. Ein Teil der typischen unkontrollierbaren Pubertätsaggressionen rühren daher, dass die, zwar oft nicht heile, aber doch verlässliche Realität des Kindes sich aus seiner eigenen Sicht als Illusion entpuppt. Die Kinder sind darüber erstaunt, teils traurig, teils fühlen sie sich hereingelegt, als hätten die Erwachsenen sie hintergangen. Dies geschieht gleichzeitig mit schnellen körperlichen und psychischen Veränderungen, denen die Jugendlichen ausgeliefert sind, die sie also ebenfalls nicht kontrollieren, sondern nur erleiden oder erfreut an sich selbst beobachten können. Die Welt und man selbst wird fremd – eine wichtige Voraussetzung für Auseinandersetzung und Entwicklung.

Nun aber, wenn sich das Bewusstsein der Jugendlichen auf äußere, (welt)weite und innere, tiefere Ebenen aus-

weitet, beginnt eine Zeit der Selbstfindung und die Entwicklung der *eigenen* Identität. Der erzwungene, klischee-
hafte Gruppendruck weicht, der Einzelne wird sich seiner
eigenen, unverwechselbaren Individualität bewusst. Er
kommt zu sich – wenn es gut geht. Es geht nicht immer
gut, es ist nicht immer einfach, diese Entwicklungsaufgabe
gut zu lösen. Es hilft, wenn es in der Umgebung des Jugendlichen Männer oder zumindest einen Mann gibt, den
der Jugendliche anerkennen kann als einen, der ein ehrli-
ches authentisches Leben führt. Anders gesagt: Einer, der
ihm zeigt, dass es möglich ist, auf beiden Beinen mitten
im Leben zu stehen, sich für etwas zu begeistern, für etwas
einzutreten, sich nicht von der Realität verbiegen zu lassen
und als Person kenntlich zu sein. Wenn dieser Mensch der
eigene Vater ist, dann haben beide großes Glück. In dieser
Zeit der Adoleszenz *sehen* die Jungen ihre Eltern zum ersten Mal. (Das ist, nebenbei bemerkt, der Grund dafür, dass
Eltern in den Augen ihrer Kinder immer alt sind.) Wenn es
nicht der eigene Vater ist – sehr oft also –, dann ein anderer
»sozialer« Vater, an dem der Junge sehen kann, dass es sich
lohnt zu leben, sich für etwas zu begeistern und sich anzu-
strengen, der ihm eine, wenn auch vielleicht ganz andere,
Perspektive eröffnet.

Jetzt entstehen auch die ersten Männerfreundschaften.
Früher war es schmerzlich, wenn sich herausstellte, dass
sich die Kinder(garten)-Freundschaften überlebt hatten. Es
war anstrengend und zum Teil mit Verbiegungen erkauft,
sich in der Jungengruppe einen Platz zu erkämpfen. Nun
treffen die Jungen ihre eigene Wahl und Entscheidung,
wem sie sich zugehörig fühlen und wen sie als zu sich ge-
hörig betrachten, sie sortieren und wählen aus. Oft sind das
gerade nicht die eigenen Angehörigen. In der pubertären

Zeit war es oft peinlich, zusammen mit der Mutter gesehen zu werden, wenn der Eindruck entstehen konnte, sie wolle einen »beschützen«. Selbst ist der Mann. Mit dem Vater gesehen zu werden, war hingegen erwünscht. Männer unter sich. Nun werden die großen Jungen großzügiger, auch nachsichtig gegenüber den Webfehlern ihrer Sippe. Wenn das geschieht, ist es ein Zeichen von gefühlter Eigenständigkeit, das die Familie mit Respekt und Gleichrangigkeit beantworten sollte. Jetzt auch treten die etwaigen Entwicklungsdefizite des eigenen Vaters ins Bewusstsein des Sohnes – dann will er keinesfalls so werden wie er. Verachtet ihn, hasst ihn, ist weiterhin von ihm abhängig, wenn auch nur finanziell. Spätestens jetzt muss der Vater hinsehen, wen er da vor sich hat, und ihm seinerseits freistellen, wohin er gehen, wohin er sich entwickeln will. Für Väter ist es oft sehr schmerzlich, wenn sie auf einen Nachfolger im eigenen Beruf oder Betrieb gehofft hatten oder auf einen Sohn, der es weiterbringen wird, einen entschlusskräftigeren, einen risikofreudigeren, einen mit mehr Zivilcourage – oder auch einen, der ordentlicher, zuverlässiger, beständiger sein wird, als der Vater es sein konnte. Aber der Wunsch-Spiegel, den er seinem Sohn vor das Gesicht hält, zeigt immer nur seine eigene Rückseite. Weswegen der Sohn der berechtigten Meinung ist, das habe mit ihm nicht viel zu tun.

Die enttäuschten Träume des Vaters sind für den jungen Mann, der ja noch zu Hause lebt und dessen Blicken ausgesetzt ist, oft eine schwere Bürde – besonders schwer zu tragen ist der väterliche Erfolg, wenn er ihm nacheifern soll. Auch erfolgreichere Geschwister, die ihm als gutes Beispiel vorgehalten werden, können einen Jungen ganz schön herunterziehen.

Ich kenne einen erfolgreichen Vater, der seinen geliebten Erstgeborenen, einen intelligenten und begabten Jungen, systematisch »herunter« und letztlich zu einem Versager gemacht hat, indem er ihm ohne Unterlass die Aussichtslosigkeit seines Tuns vor Augen führte – mit besten Absichten, versteht sich. Der Vater, Jurist aus einer traditionellen Juristendynastie, die Mutter Notarin, konnte es nicht fassen, dass sein Sohn, ein eher stiller und zurückgezogener junger Mann, nicht nur seine Tage vor dem Computerbildschirm verbrachte, sondern auch noch beabsichtigte, die »Softwareentwicklung« zu seinem Beruf zu machen. Nicht nur, dass sich der Vater unter diesem Wort nichts vorstellen konnte, er konnte auch nicht lernen, wie man einen Computer bedient, hatte dafür seine Rechtsanwaltsfachangestelltinnen; und das Internet war für ihn ein Ort krimineller, wenn nicht terroristischer Machenschaften und wurde allenfalls von Leuten benutzt, die es nötig hatten, billig einzukaufen.

Statt nun seinen Sohn für etwas zu bewundern, was ihm selbst fremd und verschlossen blieb, und ihn zu ermutigen, in die »Fremde« zu gehen – symbolisch gesprochen –, wurde er verächtlich und sprach fatale Prophezeiungen des Scheiterns aus, die sich – wie anders auch – erfüllten. Computertechnologie war für ihn »nichts Rechtes« – und dies in einer Zeit, in der sie nur so boomte und junge Leute damit reich und erfolgreich wurden. Nicht so sein gehorsamer Sohn. Er gab seinem Vater recht, scheiterte pflichtschuldigst, und als der viel zu früh starb, hielt er ihm weiterhin die Treue und litt unter seinem Versagen – auch als Erwachsener. Ein Junge, der in einer solchen Situation hätte sagen können: »Dir werd ich's zeigen!«, hätte bessere Karten für seinen persönlichen Erfolg gehabt.

Und »zeigen« müssen es die Söhne ihren Vätern – und wenn der nicht vorhanden ist oder nicht hinschaut, dann eben anderen, ihren Lehrern, ihren Freunden, ihrer Gruppe, der Gesellschaft. Ein Freund mit zwei fast erwachsenen Söhnen sagte letzthin: Ich bin so tolerant ihnen gegenüber, dass ihnen eigentlich gar nichts anderes bleibt, als rechtsradikal zu werden – damit könnten sie mich treffen! Man weiß gar nicht, was man einem Vater raten soll: Aus meiner Sicht wäre es am besten, er würde mit Ärmelschonern und Fahrradklammern an den Hosenbeinen herumlaufen, jeden, aber auch jeden Sonntag in die Messe gehen und auch noch in die Maiandacht, seine Frau Mutti nennen und fragen, ob er den Mülleimer hinuntertragen darf. Gegen so einen Mann wäre leicht zu opponieren – er könnte es mit Wohlwollen betrachten, wenn sein Sohn eine andere Lebensform vorzöge, und, sobald dieser aus dem Haus wäre, mit dem ganzen Theater auch wieder aufhören.

Letzthin hatte ich es mit einem der inzwischen seltenen konservativen Patriarchen zu tun und seinem 16-jährigen Sohn, der nicht (mehr) gehorchen wollte, nicht auf Strafen reagierte, zumindest nicht positiv, der machte, was er wollte: Er blieb lang auf oder weg, log und verheimlichte und provozierte seinen Vater, gewissermaßen bis aufs Messer: Der nämlich wurde insofern gewalttätig, als er seinem Sohn alle elektronischen Geräte – Computer, Handy, MP3-Player und anderes – zur »Strafe« aus dem Zimmer schaffte, worauf sein Sohn ihn anschrie: »Ich bring dich um!« Die Mutter ging aus dem Feld, der Vater erschrak heftig, konsultierte die Psychologin. Ich sagte: Wenn Sie Ihrem Sohn das nehmen, was ihm am liebsten ist, wird er in seiner Wut vielleicht Ihnen nehmen, was Ihnen am liebsten ist: sich selbst. Jungen haben sich schon aus »nichtigeren« Anlässen umgebracht! Denn für ihn ist so ein Machtkampf sehr ernst. Siegen und Anerkennung bekommen ist für Männer in jedem Alter wichtig. Auch für Väter, auch für Söhne. Und in welchem Alter auch immer: Hilflosigkeit und gedemütigte Schwäche münden leicht in Gewalt.

Negative Identifikationen

Die große Energie gerade dieses Lebensalters kann auch, und wie wir derzeit besonders auffallend bei den männlichen Jugendlichen feststellen, in eine eindeutig negative Identifikation und Identitätsbildung einmünden, zum Beispiel ein »Amokläufer«, ein »Selbstmordattentäter«, ganz allgemein, ein »Krimineller« sein. Es geht den Jungen dabei sehr oft nicht nur darum, *etwas zu tun*, Wut und Frust auszuagieren – sondern gleichermaßen darum, *jemand zu sein*, beachtet zu werden, Aufmerksamkeit auf sich zu ziehen um jeden Preis. Die negative Identität eignet sich gut zum Angeben, sei es in der Gruppe, den Medien, am besten dann, wenn sie Angst verbreitet, also Macht signalisiert. Für manchen Jugendlichen, der den Eindruck hat, es wäre auf andere Weise in der Gesellschaft für ihn »nichts zu holen«, ist diese (Selbst-)Etikettierung als »gefährlicher Krimineller« immerhin eine Identität, die ihn dazu noch weiterer Anstrengungen enthebt, sich positiv zu entwickeln.

Das kann m. E. nicht besser beschrieben werden, als es Erik H. Erikson schon 1959 getan hat, weshalb ich hier zitiere:

»Die Delinquenz rettet manchen jungen Menschen vor der *Zeitdiffusion*. Alle Zukunftspläne mit den dazugehörigen Entscheidungen und Unsicherheiten werden von den kurzfristigen Zielen überrannt, die dem Bedürfnis dienen,

›jemand zu sein‹, etwas ›darzustellen‹ oder irgendwo ›mit-
zumachen‹. Daraus folgen, natürlich, auch eine Vereinfa-
chung der sozialen Verhaltensweisen und eine primitivere
Form der Triebabfuhr.

Auch der peinigenden *Selbstbeobachtung* in der *Identitäts-
Bewusstheit* entgeht der Delinquente; jedenfalls ist sie völlig
hinter der Identifizierung mit der Verbrecherrolle verborgen, die dem Richter und dem Gutachter wie eine Fassade
entgegengehalten wird. ... Die Arbeitshemmung, die qual-
volle Unfähigkeit, irgendwelche Lust bei der Beschäftigung
mit Werkzeug oder Werkstoffen oder aus der Zusammenarbeit mit anderen zu gewinnen, wird in der Delinquenz
ebenfalls an den Rand geschoben. Die Leistung ist in jeder
Kultur das Rückgrat der Identitätsbildung. Bei den jugendlichen Delinquenten ... kommt es stattdessen zu der per-
versen Befriedigung darüber, etwas gründlich Destruktives
geleistet, ›ein Ding gedreht‹ zu haben. Die Aburteilung einer solchen Tat als Verbrechen besiegelt dann die negative
Identität des Jugendlichen als Krimineller ein für allemal.
Das enthebt ihn auch der Notwendigkeit, noch weiter nach
einer ›guten‹ Identität zu suchen.« (Erikson 1973, S. 209,
Fußnote 21)

Nimmt man solche Aussagen ernst, dann erscheint es völlig absurd, auf jugendliche Gewalt einerseits mit einer Ver-
schärfung von Strafen zu reagieren und andererseits viele Straftaten nicht oder zu wenig öffentlich zur Kenntnis
zu nehmen. Im ersteren Fall geschieht das, was Erikson
als Verfestigung der negativen Identität beschrieben hat,
im letzteren Fall läuft der (unbewusste) Appell »Schaut
mich an und nehmt mich ernst, sonst setz ich noch einen
drauf!« ins Leere. In der derzeitigen Diskussion über das

angemessene Strafmaß für jugendliche Gewalttäter wird aus meiner Sicht zu wenig darauf geachtet, wie die Strafe »inhaltlich« bzw. in ihrer Bedeutung bei den Jungen ankommt. Das sagen im Übrigen auch die Betroffenen selbst: Böden putzen und Papiere in den Schredder schieben als sogenannte Sozialstunden führen nicht zu einem positiven Richtungswechsel ihrer inneren Einstellung, weshalb sie ihre Provokationen fortsetzen. Bis endlich mal einer oder eine (sozialpädagogische) Einrichtung sich ihrer annimmt und einen Weg aufmacht aus der Sackgasse heraus, in die sich hineinmanövriert haben. Ich will die Jugendlichen, auch die ganz jungen, nicht entschuldigen: Sie wissen schon, was sie tun – aber sie wissen es auch wieder nicht, da sie ihre Motive nicht kennen. Wir Erwachsenen sollten da nicht allzu selbstgerecht sein – wir kennen bei vielen unserer Handlungen unsere Motive auch nicht und machen auch oft Sachen, über die wir hinterher nur den Kopf schütteln.

Bewusst oder unbewusst sind die Jugendlichen oft Träger einer wichtigen Anklage gegenüber der Elterngeneration: Seht her, was ihr aus uns gemacht habt! Ihr haltet nichts von uns – wir geben euch recht. Ihr habt uns geschlagen und heruntergemacht – wir schlagen zurück. Ihr habt unsere Angst nicht gesehen – jetzt habt ihr selbst welche. Wir mussten eure »Realität« ertragen – jetzt ist damit Schluss. Oder aber sie solidarisieren sich mit ihrer Sippe, um deren Respekt zu erhalten im Guten wie im Bösen. Und wenn man in der Familie Frauen und Kinder schlägt oder, wenn sie nicht gehorchen, sie sogar tötet, so ist das ein Zeichen von Macht und Stärke und Anlass für Familienstolz.

Auf der Suche nach einer guten, männlichen Identität

Es wird unserer Gesellschaft und ihren Institutionen nicht erspart bleiben, sich anstelle von oder zusätzlich zu all ihren abstrakten System-, Konzept- und Wertediskussionen und ihrer Liebe zu den Schlagwörtern mit einzelnen jungen Menschen und deren Entwicklung zu befassen. Auch darauf zu schauen, wie jeder einzelne Jugendliche mit seinen Eigenheiten es schaffen kann, sich eine männliche Identität zu erarbeiten, die geprägt ist von seinen eigenen positiven Idealen, möglicherweise Mut, Macht, Kraft, Zivilcourage, Schlauheit, Solidarität, Zuneigung, Beschützen, Fairness usw. Der erste Schritt nach einer Tat, die Aufsehen erregt, auch im Strafvollzug sollte sein herauszufinden, welche Ideale oder welche Ideen über sein Leben so ein junger Mensch denn hat oder haben könnte. Und ihm dann eine »Strafe« aufzubürden, in der er eine entsprechende positive Erfahrung von Mut, Macht, Kraft, Zivilcourage usw., siehe oben, machen kann. Das würde einige Kreativität erfordern und gut ausgebildetes Personal – würde sich aber sicher auszahlen. Einige junge Männer, die nach einer Drogen- oder Straftatskarriere die Kurve gekriegt haben und sich nun als Streetworker – die wissen, wovon sie reden – um andere Jugendliche kümmern, sind da ein vorbildliches Beispiel.

Vor allem aber: Die Identitätszuschreibung von der hohen, sprich professionellen, Warte sollten wir unterlassen! Ich habe da ein Beispiel erlebt, das so absurd ist, dass man es schon witzig nennen könnte, wäre es nicht so traurig. Die ziemlich einfach gestrickte Mutter eines 15-Jährigen erzählte mir, dass ihr Sohn gerade den Hauptschulabschluss mache – seine Lehrer sagten ihr aber schon seit Jahren, der Junge sei fast ein Genie in Mathe und müsste eigentlich aufs Gymnasium. Sie verstand das nicht, denn er war doch als »Legastheniker« diagnostiziert worden, er sage auch immer über sich selbst: »Ich bin Legastheniker!« – in meinen Ohren klang das wie eine Berufsbezeichnung. Ich hatte den Eindruck, die beiden wussten gar nicht so genau, worum es sich dabei handelte. Ich sagte ihr, sie könnte ihm ja vorschlagen zu sagen: Bisher war ich ein Legastheniker, aber eigentlich bin ich ein Mathematiker – er bräuchte dann nur noch ein bisschen mehr Mathematik zu lernen und dann würde das schon hinkommen. Diese Geschichte habe ich nur deshalb erzählt, weil es nicht wenige Menschen gibt, die sich mit irgendwann einmal gestellten psychopathologischen Diagnosen identifizieren und darüber vergessen, dass ihre persönliche Identität viele Facetten haben kann, wenn sie sie nur entwickeln. Dass auf dem Weg dahin auch so manches ausprobiert werden muss, was einem Jungen später die Schamröte ins Gesicht treibt, sei dahingestellt. Vielleicht hält ihn das später als erwachsenen Mann davon ab, die Jungen voreilig abzuurteilen.

Während der Zeit der Adoleszenz, in der die Jungen noch ortsgebunden sind, sei es in einer Lehre, in der Schule, in der Ausbildung, in der Familie, erscheint ihnen ihr Lebensraum zu eng für die Verheißungen des freien Lebens, das »draußen« stattfindet. Wenn sie deswegen ihre »Innenräume« ins Denk- und Undenkbare, Anarchismus, Atheismus, Sozialismus und andere -ismen ausloten und dabei die Kühnheit und Weite ihrer geistigen Wagnisse spüren, dann haben sie zur rechten Zeit den Raum durchmessen, auf dem sie sich demnächst einen konkreten Platz für ihre Füße suchen werden. Dies ist auch die Zeit des geistigen Hochmuts und des radikalen Egoismus – wann denn sonst, wenn nicht jetzt?

Zusammengefasst könnte man sagen: Wenn die Identitätsbildung gut verläuft, dann resultieren aus der bisher stattgehabten Anerkennung, die das Kind und der Jugendliche von seinem Umfeld erfahren haben, die Selbstanerkennung, der Selbstwert, das Selbstbewusstsein und ein authentischer Selbstausdruck.

Daraus können sich eine über das engere Umfeld hinaus erweiterte emotionale Bezogenheit, Mitgefühl und Verantwortlichkeit entwickeln.

Denn in der Jugendzeit macht auch die emotionale Entwicklung der Jungen einen heftigen Sprung: Sie werden sich ihrer selbst gefühlsmäßig bewusst. Während der pubertären Übergangszeit waren ihnen Mädchen gleichen Alters da schon weit voraus, weshalb es früher ganz klar war, dass sie mit Jungs aus höheren Klassen Tanzstunde hatten und sich dort ausprobieren und verlieben konnten. Das ist irgendwie in Vergessenheit geraten im Zuge der Koedukation, weshalb die Jungs jetzt den verächtlichen Beurteilungen ihrer Klassenmädchen ausgesetzt sind und ihnen oft nichts anderes einfällt, als den Macker und den Kasper herauszukehren und im schlimmsten Fall so zu tun, als wären sie auch schon groß und könnten mithalten. Können sie aber nicht, tun nur so und verlieren sich dabei selbst aus dem Blick. Die Mädchen merken das natürlich, machen sich über sie lustig, verlieben sich in ältere Jungs und zeigen den »Kleineren« wieder einmal ihre Überlegenheit. Die sind entweder klug genug, sich ihrerseits in ein jüngeres Mädchen zu verlieben, oder, im schlechteren Fall, fühlen sie sich gedemütigt und denken: »Der werd ich's zeigen« – keine erfreuliche Voraussetzung für den späteren Umgang mit Frauen.

Schön, wenn sie in diesem Alter einen engen Freund haben, einen Busenfreund, einen, dem man sein Herz ausschütten kann. Sie haben einerseits nicht gelernt, sich selbst zu fragen, wie es ihnen – innen drin – geht, wie sie sich fühlen. Und dass es andererseits, wenn sie es denn täten und darüber sprächen, kein Zeichen dafür wäre, ein »Weichei« zu sein. Männerfreundschaften sind dafür da: zu sich zu kommen, zu merken, wie es »da drinnen« aussieht, was einen bewegt, und vielleicht sogar dazu, vertrauliche Gespräche zu führen – eigentlich mit sich selbst.

Bei den Gesprächen unter Freunden darf es einen nicht wundern, wenn sie jeweils nur über sich selbst sprechen und nicht so sehr beim anderen sind, wenn der spricht. Die typisch männliche Art sich auszutauschen ist so, dass er zu sich selbst kommt, wenn der andere etwas über sich erzählt. Das Zuhören ist da eher das Hören auf die eigene innere Stimme als das Hören auf den jeweils anderen. Das ist es auch, was die Frauen später beklagen: Du hörst mir ja gar nicht zu. Sie verstehen unter Zuhören etwas anderes, nämlich sich in den anderen einfühlen, beim anderen sein. Wenn sich aber ein Mann, während er zuhört, in sich selbst einfühlt, ist das auch schon ein wichtiger Schritt. Zumindest in dieser Zeit der Adoleszenz, die dafür da ist, dass einer zu sich kommt und merkt, wer er ist, auch, dass er anders ist als sein Freund. Es sind ja oft gegensätzliche Charaktere, die sich in dieser Zeit befreunden. Da zeigt es sich wieder einmal deutlich, dass es leichter ist, auf der Folie des Fremden das Eigene zu entdecken. So wie es für viele Menschen einfacher ist, einem Fremden im Zug oder ganz anderswo die intimen Dinge des eigenen Lebens zu offenbaren – und auch hier: eigentlich nicht ihm, sondern für sich selbst das Unaussprechliche auszusprechen.

Der beste Freund: Wem sonst werden Gedichte oder die ersten Prosastücke vorgelesen? Wer sonst darf von der eigenen schwärmerischen, verliebten und romantischen Seite etwas wissen? Wer von den geheimen Wünschen und Träumen? Und wer vom Kummer des Unverstanden- und Verlassenseins, den Ängsten vor der Zukunft und der Verzweiflung, vielleicht doch nicht so werden zu können, wie man immer dachte, werden zu sollen oder zu wollen?

Viele der Jugendlichen leiden an sich und der Welt und empfinden das, was man früher – typisch für diese Entwicklungsphase – Weltschmerz nannte. Sie müssen erkennen, dass die Welt, die eigenen Eltern, die Lehrer und viele Gewissheiten nicht »in Ordnung« sind, auch nicht sie selbst. Und sie erleiden es oft voll Verzweiflung und unter dem inneren Druck, dass sie selbst es sind, die eine eigene Ordnung (er)finden müssen, wollen sie darin überleben. Die belletristische Literatur ist voll vom Leiden der jungen Männer – nicht nur der jungen Werther!

Manchmal ziehen sie sich auch für eine Weile aus dem ganzen sozialen Getriebe zurück und vereinzeln. Die Sehnsucht nach einem asketischen, mönchischen – das heißt auch: einfachen – Leben ist in dieser Zeit nicht selten und erscheint einem jungen Mann doch unaussprechlich und vor allem nicht realisierbar. Die angebliche »Realität«, die ihnen von den Erwachsenen immer vor die Nase gehalten wird als die maßgebliche »wirkliche« Wirklichkeit, der man mir nichts, dir nichts unterworfen und ausgeliefert ist – diese Realität ist nicht so, dass sie darin leben möchten. Das möchten natürlich die Erwachsenen auch nicht, sonst würden sie nicht so darüber lamentieren. Den Jungen hingegen ist völlig offensichtlich, dass ihre eigene Welt eine andere ist und sein soll, sonst würden sie noch vollends verzweifeln. Darüber kann man mit einem Freund sprechen. Wenn nicht, dann kann man zumindest gemeinsam eintauchen in Fantasy und Science-Fiction, in gemeinsam geteilte Utopien – wo das Gute und die Liebe siegen und das Böse, die Bösen auch, letztendlich untergehen werden.

Wenn die Eltern oder Lehrer Glück haben, diskutieren die Söhne auch mit ihnen und lassen sie dabei einen Blick auf ihre Weltsicht werfen. Das ist eine gute Chance für Eltern, noch einmal einen Schritt nach vorne zu tun, was viele von ihnen später dankbar vermerken und als Gewinn verzeichnen. Nicht nur, dass sie von den Jungen dieses Alters lernen können, z. B. was man so alles aus einem Computer herausholen kann. Das ist das Geringste. Sie können, wenn sie sich nicht fürchten und wenn sie nicht der Idee anhängen, sie müssten immer noch ihren Söhnen erklären, wie die Welt ist, erstaunliche Einsichten bekommen, die sie ihren Söhnen nicht zugetraut hätten. Voraussetzung dafür ist aber, kontinuierlich, interessiert und vor allem respektvoll im Gespräch zu sein.

Letzthin hatte ich einen langen Brief eines sehr gebildeten und gleichzeitig besorgten Vaters zu lesen, der mir einige Informationen über seinen fast 17-jährigen Sohn geben wollte, bevor der zu mir in eine Beratung oder sogar Therapie kommen sollte. Es waren sechs Seiten voller Klagen über Dinge, die dieser talentierte Junge nicht tat: In seiner Big-Band Saxophon spielen – wo er doch seit dem 4. Lebensjahr mit Begeisterung alle möglichen Blasinstrumente gespielt hat. Jetzt hört er nur noch DJ-Musik mit Knopf im Ohr und ist zu einem begeisterten (und zugegeben hochbegabten) Rapper mutiert.

In der Schule mitarbeiten – wo er aufgrund seiner Hochbegabung überall Einser haben könnte.

Ausreichend schlafen und sein Zimmer aufräumen – wo er doch andererseits auf seine äußere Erscheinung großen

Wert lege. Endlich mal sagen, was er studieren bzw. werden wolle – wo er doch schon im nächsten Jahr das Abitur machen werde, weil er etliche Klassen übersprungen habe.

Endlich mal überhaupt was dazu sagen, ob er noch religiös sei oder schon völlig dem Atheismus anheimgefallen – obwohl er wisse, dass die Religion in der Familie traditionell eine wichtige Wertebasis darstelle. Seine Mutter beruhigen, die immer schon gewünscht habe, dass ihr Sohn ebenfalls Pastor werde wie der Vater – aber das könne man ja vielleicht nicht verlangen. Sie wollten ja nur, dass er glücklich wird.

Ich hatte keine Idee, womit er mich beauftragen wollte und ob sein Sohn dem Wunsch seines Vaters folgen würde, zu mir zu einer Beratung zu kommen. Der Vater: »Schauen Sie ihn sich einfach mal an.« Dieser Sohn war großzügig. Er kam und ließ sich anschauen. Was ich sah, war ein junger Mann, souverän und verständnisvoll gegenüber den Sorgen seiner Eltern, humorvoll gegenüber ihren Wünschen, seine berufliche Laufbahn betreffend. »Mein Vater ist ein guter Pastor, wirklich, aber für mich ist das nichts.« – »Wovon träumen denn Sie?« Die Frage verblüffte und erfreute ihn. Er wolle schreiben und Musik machen. Er habe schon einiges geschrieben, das wüssten seine Eltern aber nicht, nur ein Freund bekäme etwas davon zu sehen. Sein Vater sei ein wenig (!) konservativ und schreiben als Beruf sei für ihn nichts Realistisches. Er wisse allerdings auch noch nicht genau, wie er mal sein Geld verdienen werde, aber nach dem Abi wolle er als Erstes für ein Jahr in ein zen-buddhistisches Kloster, um sich zu sammeln, mal weit weg von »dem ganzen Zeug«. »Hier ist ja von allem zu viel!« »Vielleicht weiß ich dann, wohin die Reise gehen soll.« Ich fragte ihn, ob ich ihm einen Rat mitgeben dürfe: »Lassen Sie sich Zeit, und, bleiben Sie sich treu.« Er war, glaube ich, ganz zufrieden, als ihn sein Vater wieder abholte und ich zu diesem sagte: »Auf Ihren Sohn werden Sie einmal sehr stolz sein.« Darauf er: »Das bin ich auch jetzt schon!«

Na also! Er hatte ihn mir geschickt, damit ich diagnostizieren sollte, ob er überhaupt normal sei. Wenn dieser Vater nicht immer nur seine eigenen Meinungen und Werte und Erfahrungen und Pläne und Sorgen und Prophezeiungen an den Jungen hingesprochen hätte, sondern öfter einmal respektvoll nach dessen Gedanken gefragt hätte, wäre ihm ein wunderbares Licht aufgegangen.

Die Jungen werden viel zu oft auf die konkreten Verhältnisse hingewiesen und viel zu selten nach ihren Träumen gefragt, bis sie selbst aufhören, ihre Träume wichtig zu nehmen. Genau sie und die damit einhergehende Sehnsucht sind es, die einen Menschen in die Zukunft geleiten. Das ist doch irgendwie ein schönes Bild: Wie ein Traum und seine Schwester, von mir aus auch seine Geliebte, die Sehnsucht, untergehakt und traulich miteinander am Ufer eines Sees spazieren gehen und sich für ihren Knaben eine Zukunft ausdenken, oder? Kitschig natürlich! Ich verweise auf das Kapitel über die Liebe, da gibt's noch mehr davon.

Man kann es auch etwas literarischer ausdrücken: »Sagen sie ihm, dass er für die Träume seiner Jugend soll Achtung tragen, wenn er Mann sein wird – nicht öffnen soll dem tötenden Insekt gerühmter besserer Vernunft das Herz ...« (Friedrich Schiller, Don Carlos)

Es ist für Eltern, die sich, ihrem Lebensalter entsprechend und aufgrund »besserer Vernunft« mit der Realität auseinandersetzen, schwierig, diese Zeit der Adoleszenz als eine wichtige – wenn nicht gar die wichtigste – Phase der Entwicklung zu würdigen, in der sich in den Utopien der Jugendlichen die Gestaltungskraft für den ganzen Rest des

Lebens ansammelt. Oder anders gesagt: Was da ausgedacht und geträumt und ersehnt wurde, ist wie das Fundament eines Hauses, auf dem das weitere Leben sich aufbaut.

Großeltern haben da einen gehörigen zeitlichen Abstand, sodass sie über ihre eigenen Jugendträume sprechen können, und das sollten sie tun. Auch über ihre Trauer, wenn es nun zu spät sein sollte, sie zu realisieren – falls das überhaupt wichtig ist: Haben muss man sie und ihnen treu bleiben, dann verliert man wenigstens nicht so leicht die Richtung. Eltern hingegen sind in der Zeit, in der ihre Söhne zwischen 15 und 20 sind, so sehr in ihre berufliche und finanzielle Realität verstrickt, dass sie oft schon weit abgedriftet sind von ihren Jugendträumen. Oft sind sie auch enttäuscht und möchten ihre Söhne davor schützen, ebenfalls enttäuscht zu werden. Die nackte Realität hat sie eingeholt. Wahrscheinlich sind sie nicht schnell genug vor ihr weggerannt oder ihr ausgewichen. Sie sagen dann zu ihrem Sohn: Du hast nur Flausen im Kopf, hochtrabende Pläne, keinen Boden unter den Füßen, die Realität wird dich eines Besseren belehren. Letzteres ist ein falscher Satz, er müsste heißen: ... eines Schlechteren belehren.

Ich sage oft zu den Jungen: Pass gut auf, wenn du die Realität irgendwo auf dich zukommen siehst. Geh um die nächste Ecke, damit sie dich nicht sieht, versteck dich, warte ab, bis sie vorbei ist, irgendeinen wird sie schon finden, der an sie glaubt. Und du, schau in die andere Richtung, wo deine Wünsche und Träume sind. Verliere nie den Kontakt zu ihnen. Dann kannst du auch mal eine ordentliche Portion Realität vertragen, wenn es denn sein muss. Muss ja wohl hin und wieder sein.

Diese Zeit der Adoleszenz ist genau die Zeit, in der der Jugendliche die vorgefundene Realität infrage stellt und stellen muss. Er stellt fest, dass die Welt in einem schlechten Zustand ist und dass dafür die Menschen Verantwortung tragen (sollten), und er verzweifelt daran, weil er weiß, dass auch er selbst sie nicht in Ordnung wird bringen können. Das gute, weil ein wenig größenwahnsinnige Selbstgefühl des Kindes, das sich in seinem Lebensraum einigermaßen mächtig gefühlt hat – oder zumindest an die Möglichkeit geglaubt hat –, zerbricht. Vor allem, weil der Jugendliche erkennt, dass vieles gar nicht entscheidbar ist. Unbestimmt! Unbestimmbar. Bis hinein in die letzten sicheren Bastionen von Mathematik und Physik. Es gibt nichts Eindeutiges. Wahrheiten sind paradox. Menschen sind sowohl gut als auch gleichermaßen abscheulich, die Eltern auch, die Vorfahren, nicht nur, wenn sie Nazis waren, ebenfalls, und wie ist es um ihn selbst bestellt?

Das ist schwer auszuhalten, und so neigen nicht wenige in ihren Jugendjahren zu radikal eindeutigen Lösungen aus diesem Dilemma: Ideologien oder lieber gleich Nihilismus.

Es erscheint mir jedes Mal unerträglich, wenn ältere Menschen anderen die ideologischen »Sünden« ihrer Jugendjahre nicht mit Humor und Verständnis, sondern mit Häme und erhobenem Zeigefinger vorhalten. So, als seien sie, die Vorhalter, kontinuierlich geistig die gleichen geblieben. Da möchte man doch gern Kafkas Geschichte von Herrn K. zitieren, dem ein alter Bekannter, nachdem er ihn viele Jahre nicht gesehen hatte, sagt, er habe sich gar nicht verändert. »Herr K. erschrak.«

Für die Entwicklung einer eigenen Identität ist es für viele Jungen sehr wichtig, ganz in eine geistige Welt einzusteigen, sich von ihr enttäuschen zu lassen, die Weltsichten zu wechseln, umherzuwandern, um eine geistige Heimat zu finden, die längerfristig bewohnbar bleibt. Die Suche danach hört ja nimmer auf, auch wenn sie in den mittleren Jahren durch die Tagesgeschäfte überlagert wird.

Natürlich entstehen Identitäten oft auch quasi von selbst, wenn sich schon sehr früh im Leben ein besonderes Talent zeigt, sportlich, musikalisch, technisch und so weiter. Falls sich der Jugendliche damit identifizieren kann, tut er sich leicht. Aber wie schon vorher in der Pubertät gilt auch hier: Was leicht ist, ist letztendlich vielleicht unausgegoren und holt einen später noch mal ein. Macht aber nix, das Leben dauert ja meistens eine ganze Weile an.

Dass sich die Jugendideologien oft *gegen* die bestehenden Verhältnisse richten, ist verständlich – enthalten sie doch die Utopie einer *besseren* Welt. Es ist uns Alten nicht erlaubt, auf das immer wiederkehrende und zwangsläufige Scheitern solcher »Weltverbesserer« hinzuweisen, wollen wir nicht den Jungen sämtlichen Schwung rauben und sie zu einer Kein-Bock- oder No-future-Generation degradieren, die wir sogleich genau dafür anklagen. Gerade weil die Welt an allen Ecken und Enden sichtbar schrecklich ist, enthält sie diesen unabweisbaren Aufforderungscharakter für die Jungen. Wenn sie irgendeinen Zipfel dieser Welt ergreifen, und zwar einen, der ihnen nah am Herzen liegt, dann ist es fast gleichgültig, ob sie sich mit dem übermäßigen Wachstum der Lianen im Regenwald, mit der Absurdität der Raubtierhaltung in Zoos, mit dem ungerechten Mangel an Wasser und Ernährung in der Welt oder aber mit dem technischen Fortschritt in der Medizin und im Internet identifizieren oder auch nur eine andere soziale Lebensform propagieren und erproben. Sie halten sich zu Recht für ein wichtiges Mitglied einer Gesellschaft bzw. einer Gruppe von Menschen, die etwas Wichtiges tun, indem sie sich gegen

Bestehendes gemeinsam auflehnen, und beziehen daraus ihre energetische Schubkraft.

Jetzt zahlt es sich aus, wenn die Eltern schon früh damit begonnen haben, dem Jungen zu signalisieren, dass sie ihn als einzigartig und erfreulich erleben und ihn lieben, wie er ist.

Wenn ein Junge in dieser Zeit ein Mädchen findet, das ihm seine liebenswerten Seiten spiegelt und ihn annimmt, wie er ist, hat er eine gute Chance zu merken, wer er ist. Dafür – zum Verlieben – und überhaupt dafür, ein Mann zu werden, braucht es aber Zeit, im Sinne von Muße. Reifung nennt man diese Zeit beim Obst und nannte man das früher auch bei den Jungen und Mädchen.

Dass mir in diesem Zusammenhang diverse Früchte bzw. Früchtchen einfallen, kommt nicht von ungefähr. Sowohl bei den Bananen als auch den Jungen halten wir es für unhinterfragt normal, dass sie unreif geerntet werden, und wundern uns, wenn sie, immer unterwegs, keine reife »Süße« bekommen. Die Rastlosigkeit, mit der viele Jugendliche durch die Zeit ihrer Adoleszenz rennen oder vielmehr getrieben werden, hat nicht nur mit unserer derzeitigen Schnelllebigkeit zu tun, sondern auch mit dem Wahn der Gesellschaft, die Jungen müssten mit der Schule, mit der Lehre, mit ihrer Entwicklung schnell fertig werden. Abgesehen davon, dass manche schon mit neunzehn fix und fertig sind – letzthin hatte ich einen Jungen dieses Alters mit einem waschechten Burn-out-Syndrom in Behandlung –, frage ich mich, wieso die Jungen scharf darauf sein sollten, so früh in den Arbeitsprozess oder auch in die Arbeitslosigkeit zu kommen. Sind natürlich nicht scharf darauf, studieren lieber lang und ausgiebig, verzögern das Erwachsenwerden, Familiegründen, Kinderkriegen, weil sie sich zu Recht noch nicht reif fühlen. Nicht wenige erschaffen sich ein Moratorium durch sitzen bleiben, bei Prüfungen durchfallen, verunfallen, krank werden, oder einfach: nix tun, verweigern. Das Gegenteil gibt es genauso häufig: durchstarten, spurten, mithalten, schnell fertig werden, ankommen, aufwachen und sich fragen, ob man wirklich dort hin wollte, wo man jetzt ist.

Einer meiner früheren Medizinstudenten kam nach dem Kurs der Medizinischen Psychologie in meine Sprechstunde und sagte: »Was soll ich bloß machen? Meine Eltern sind beide Ärzte, ich habe gleich einen Studienplatz gekriegt – Einserabitur – habe bis jetzt alle Prüfungen gut bestanden, ich finde das Studium auch interessant, es stresst mich gar nicht so wie meine Kommilitonen. Aber ich kann mir überhaupt nicht vorstellen, Arzt zu sein, mich um kranke Menschen zu kümmern – eine Horrorvorstellung! So kann ich doch mein Leben nicht verbringen! Am besten gehe ich in die Forschung.«

Ich sagte ihm: »Also, wenn Sie von Ihrem Naturell her kein Arzt sind, dann sollten Sie auch keiner werden wollen. Was für einer sind Sie eigentlich?« Er dachte ein wenig nach und fragte – weil er ja intelligent war: »Meinen Sie, wie und wobei ich mich gut fühle?« Exakt!

Er sagte: »Lachen Sie nicht, aber eigentlich bin ich ein Sachenfinder. Das Beste für mich ist, wenn ich im Gebirge herumlaufe, mit einem Hammer in der Hand und auf Steinen herumklopfe. Im Fernsehen beneide ich immer die Archäologen, wenn ich sie beim Ausgraben beobachte. Das finde ich ungeheuer spannend, da möchte ich gleich hin.«

Viele Menschen denken, sie müssten ihr Geld mit irgendeinem, auch ungeliebten, Beruf – einem Job also – verdienen, um sich dann in ihrer Freizeit der Hobbyarchäologie hinzugeben. Eine schöne Illusion und eine gute Anleitung für ein, wenn nicht unglückliches, so doch langweiliges Leben.

Immerhin kannte sich dieser junge Mann selbst gut genug, um zu merken, dass er auf einem für ihn unpassenden Weg war. Ob er die Kurve gekriegt hat, weiß ich nicht.

Denn rationale Argumente für oder gegen eine Berufswahl werden oft mit Vehemenz von Eltern oder anderen Beratern vorgebracht, die nicht bedenken, dass sie selbst gar nicht mehr up to date sind. Ich erinnere mich noch gut an die Zeit, als den Jungs dringend empfohlen wurde, Informatik zu studieren mit dem Effekt, dass der Arbeitsmarkt längst gesättigt war, als diese Kohorte ihren Abschluss hatte. Das wäre an sich nicht so schlimm, wenn alle von ihnen hätten Informatiker werden *wollen* – aber etwas werden zu sollen, was man eigentlich gar nicht werden will, um dann, wenn man es schließlich geworden ist, es nicht einmal sein zu können – das ist peinlich.

Für Jugendliche in der Adoleszenz ist die Frage: Was willst du denn mal werden? eine der unangenehmsten überhaupt, außer natürlich, es ist schon lang klar, was er ist oder werden soll. Kinder antworten darauf leichtsinnig mit ihren Traumberufen. Junge Leute fühlen sich genötigt, sich auf etwas festzulegen, oder fühlen sich festgelegt. Schlimmer noch ist die Aufforderung: Du musst doch nur wissen, was du willst!

Woher soll ein junger Mensch das wissen, solange er noch gar nicht weiß, *wer* er ist? Das Missverständnis liegt darin, dass er selbst und auch die Leute um ihn herum sehr wohl wissen, was er *kann*. Seine Fähigkeiten haben sich bis zu diesem Alter schon erwiesen. Und manche seiner Fähigkeiten würden sich gut dafür eignen, einen Beruf daraus zu machen. Ressourcen nennt man das neudeutsch. Schon im Kindergarten wird gefragt: Welche Ressourcen hat dieses Kind – die muss man fördern. Recht so!

Aber keine Sorge: Wenn man erst einmal anfängt, ein Kind, einen Jungen, einen Heranwachsenden nur über seine Ressourcen zu definieren und man unter Ressourcen versteht: das, was er kann, wo er seine Begabungen hat – dann braucht man sich nicht zu wundern, wenn er das fortan selbst tut. Und da die Jungen von Natur aus schon die Neigung haben, sich über ihre Leistungen zu definieren, passiert es leicht, dass ihre Identitätsbildung in der Adoleszenz sich darauf beschränkt: Ich bin, was ich kann!

Ich denke da immer an den Hungerkünstler aus der gleichnamigen Erzählung von Franz Kafka. Da geht es um einen Mann, der etwas sehr gut konnte, nämlich hungern. Das konnte er so gut, dass er daraus eine Kunst machte und sich dafür besichtigen und bewundern ließ – wie Künstler das eben tun und schätzen. So was geht natürlich nicht ewig, und so fragte ihn sein Wärter am letzten Tag seines Lebens, warum er sich zu Tode gehungert habe, worauf der Hungerkünstler antwortet: »Weil ich nicht die Speise finden konnte, die mir schmeckt. Hätte ich sie gefunden, glaube mir, ich hätte kein Aufsehen gemacht und mich vollgegessen wie du und alle.« (Kafka 2000, S. 403) Die »Speise«, die nährt, zu finden unter den Schätzen der äußeren und inneren Welt, dafür ist die Jugendzeit da. Kein Wunder, dass die alten Griechen die Jugendzeit als Erntezeit ansahen, in der alles, was bisher gelernt worden ist, zur Wahl und Verfügung steht. Dem würde die neuere Hirn- und Lernforschung ohne Weiteres zustimmen (Hüther 2006). Was man aber wählt und aussucht aus der Fülle des Gelernten, um es in die eigene erwachsene Identität zu integrieren, das muss zuerst einmal ausprobiert, d. h. erfahren werden – in jeder Hinsicht. So ist auch die sexuelle Identität des angehenden Mannes keineswegs schon festgelegt – und sollte nicht vorschnell festgelegt werden. Homo-, hetero-, bisexuell, das muss sich durch Versuch und Irrtum erst erweisen oder eben durch ein gutes Gespür für die eigenen Bedürfnisse und Sehnsüchte – und den Mut, sie zu leben. Denn, wie Marcel Proust auf seiner Suche nach der verlorenen Zeit bemerkt: »... die Jugend bleibt aber die einzige Epoche, in der man etwas gelernt hat.« (Proust 1987)

7. Männer als Väter, oder: Vater werden ist oft schwer, Vater sein nicht gar so sehr

Der altbekannte Spruch »Vater werden ist nicht schwer, Vater sein dagegen sehr« muss zur Zeit wie so vieles, was die Männer betrifft, umgeändert, sogar in sein Gegenteil verkehrt werden – pervertiert, könnte man sagen –, wenn dieses Wort nicht so eine negativ wertende Bedeutung erhalten hätte. Vater zu werden ist für viele Männer nicht leicht, denn die Fertilität des männlichen Samens hat bedenklich abgenommen – quantitativ und qualitativ. Dafür gibt es jetzt aber die In-vitro-Fertilisation mit eigenem oder mit Fremdsamen, was das Vater-Werden vereinfacht, das Vater-Sein als sozialer Vater – was ja die »eigentliche« Vaterschaft begründet – nicht verändert. Falls die Mutter nicht sagt: Dich brauchen wir nicht! Nicht zum Kind-Kriegen und auch nicht zum Kind-groß-Kriegen – womit sie einerseits ganz recht hat, sich aber andererseits zumindest ein bisschen irrt, wenn sie »wir« sagt, denn woher will sie wissen, ob das künftige Kind nicht einen Vater ganz gut gebrauchen könnte?

Vorher kann man allerdings versuchen, mit hormoneller Unterstützung doch noch ein Kind auf natürliche Weise zustande zu bringen, was es aber besonders den beteiligten Männern auch nicht gerade leicht macht, Vater zu werden. Ich will die Schwierigkeiten und Nöte der Frauen hier nicht herunterspielen, vernachlässige sie an dieser Stelle allerdings komplett, und zwar des Themas wegen, das sich ausschließlich um Männer dreht – sorry! Gehen wir einmal von einem gemeinsamen Kinderwunsch aus, dann müssen die Männer, werdende Väter im Geiste, immer dann »können«, wenn der günstigste Zeitpunkt des Eisprungs gerade da ist.

Warum Männer sich selbst und alle anderen glauben machen möchten, sie müssten immer können, wenn sie wollen, ist mir unklar, da sie doch am besten wissen müssten, dass eine Erektion, eine lang anhaltende zumal, gar nicht »machbar« ist, sondern etwas, was unter günstigen Bedingungen sich ereignet. Eine erfreuliche Widerfahrnis gewissermaßen. Unter gewissen Auslösebedingungen. Um die kümmern sie sich, darüber wissen sie Bescheid. Und deshalb überlassen wir sie auch in dieser Situation großzügig sich selbst, obwohl sie in ihrer sexuellen Hybris früher sicher nicht damit gerechnet hätten, dass sie einmal auf Zuruf alles andere stehen und liegen lassen müssen des erfolgreichen Beischlafes wegen. Wenn sich derlei oft wiederholt und sich lang hinzieht, vergeht einem Mann schon mal die Lust, und das Wort von den ehelichen Pflichten, das sonst meist auf die Frauen gemünzt war, sucht nun ihn heim. Hoffen wir für beide Partner, dass es klappt – die In-vitro-Fertilisation ist zumindest für ihn, aber auch nur in dieser Hinsicht, bequemer.

Ein anderes Fertilitätshindernis, das ich in der Paarberatung häufiger von Männern höre, ist der Grundsatz: In diese Welt kann man doch keine Kinder setzen! Um das oben genannte Sprichwort noch einmal zu pervertieren: Er ist sehr dagegen, Vater zu sein. Diesem Satz kann man nicht widersprechen, denn es könnte dahinter ja das Bewusstsein großer Verantwortlichkeit stehen. Es könnte allerdings auch ein Gemeinplatz zur Vermeidung jeglicher persönlicher Verantwortung sein, wer will das schon wissen. Man schaut dabei am besten der Frau ins Gesicht, dann sieht man vielleicht, was dieser Satz ihres Partners bedeutet. Nun – ich kann nicht umhin, zu einem solchen Mann etwas zu sagen. Wenn der Satz weiter geführt wird: »... ich wollte, meine Eltern hätten auch so gedacht«, so ist es das Eingeständnis des *eigenen* Scheiterns, verbunden mit der Begründung, dass man in so einer Welt nicht erfolgreich leben kann. Da möchte man zu der Partnerin sagen: Da hat er recht, mit dem sollten Sie keine Kinder bekommen! Er könnte sich allerdings auch von seinen eigenen Kindern überraschen lassen oder denken: Die werden es einmal besser machen als ich.

Wenn der »Satz« heißt: Ich liebe meine nicht geborenen Kinder so sehr, dass ich ihnen ein Leben in dieser Welt erst gar nicht zumuten will, könnte man sagen: Was bilden Sie sich eigentlich ein, wer Sie sind? – und ihm den Spruch von Khalil Gibran (siehe Seite 50) vorlesen. Würde vermutlich nichts nützen, was aber auf das meiste zutrifft, was wir sagen, und ist deshalb unerheblich: Gesagt werden muss es trotzdem. Wir könnten ihn aber auch ermutigen, daran zu glauben, dass jede Generation von Neuem die Hoffnung und den Glauben haben wird, eine bessere Welt zu erschaffen, und dass sich mit Kindern auch für ihn noch einmal eine solche Perspektive eröffnen könnte, wo er doch schon die Hoffnung daran hat fahren lassen – übrigens keine angenehme Perspektive für ihn und seine Frau für die nächsten 50 bis 60 Jahre, die sie vielleicht noch zu leben haben.

Generativ leben

Vater zu werden und zu sein, ist nach Erik Erikson eine Entwicklungsqualität, die er *Generativität* nennt. Dabei kommt es, wie mir scheint, nicht so sehr darauf an, eigene Kinder

zu haben, sondern das eigene Leben, die eigenen Strebungen (auch) in den Dienst der zukünftigen Generation zu
stellen. Waren die Pubertät und teilweise auch noch die
Adoleszenz eine Zeit des rigorosen Egoismus, so wird das
Bewusstsein der jungen Männer nun nicht nur breiter und
globaler, sondern auch über sie selbst hinaus in die Zukunft
gerichtet. Von einem gewissen Alter ab fangen sie an bzw.
sollten sie unter der Persönlichkeitsentwicklung der Generativität anfangen, die eigenen Handlungen auf das Wohl
der Nachkommenden zu beziehen. Insofern enthält der
obige »Grund-Satz« zur Ablehnung eigener Nachkommen
auch den Vorwurf an die Alten, genau dies nicht getan zu
haben. Die Verneinung und Verweigerung gegenüber den
Eltern und anderen Alten ist in der Pubertät ein wichtiger
und oppositioneller Entwicklungsschritt, über den die Jungen in der Adoleszenz hinauswachsen müssen. Wenn sie
darin hängen bleiben, behindert sie das in ihrem eigenen
Fortkommen mehr, als sie ihren Eltern damit antun können,
dass sie ihnen – durch eigene Macht! – Enkel vorenthalten.

Aber einmal abgesehen von all dem bisher Gesagten:
Manche Männer hätten ja gern Kinder, und manche werden irgendwann und irgendwie werdende Väter.

Das ist für einen Mann die Zeit, in der er wirklich etwas
lernen kann, was in seinem sonstigen Rollenrepertoire vielleicht – noch – nicht vorkommt. Nehmen wir einmal an,
dass er mit seiner schwangeren Partnerin zusammenlebt
und beharrlich all die langen neun Monate bei ihr ausharrt.
Das ist zunächst einmal durchaus nicht für alle werdenden
Väter selbstverständlich, denn es gibt genügend Berichte
über Männer, die gerade während dieser Zeit – manche sogar nur dann – fremdgehen. Fremdgehen *müssen*, wie sie
sagen, weil ihre Frau kein sexuelles Interesse hat, weil es

ihr nicht gut geht und weil sie, verändert wie sie ist, sowohl körperlich wie psychisch einfach für ihn nicht attraktiv ist. Falls er es erfolgreich verheimlichen kann, wollen wir nichts weiter dazu sagen. Falls nicht, kann sich so ein Mann selten vorstellen, wie es sich für die Frau anfühlt, sein Kind zu tragen, während er sich herumtreibt. Vermutlich sind das die gleichen Männer, die sagen, dass sie bei der Geburt des Kindes nicht dabei sein könnten, sonst wären sie danach nicht mehr in der Lage, mit dieser Frau zu schlafen, und das könne sie doch selbst nicht wollen!

Es wäre leicht möglich, noch ein paar andere hässliche Varianten vorväterlichen Fehlverhaltens zu berichten. Ich wende mich aber lieber wieder den erfreulicheren gemeinsamen Schwangerschaftsverläufen zu. Als Erstes bemerkt so ein werdender Vater, dass er überhaupt nicht mehr Herr der Lage ist und – außer einfach da zu sein – überhaupt nichts tun kann. Und er stellt verwundert fest, dass das »einfach da sein« einerseits gar nicht so einfach ist und andererseits ein von seiner Frau sehr geschätztes Verhalten darstellt. Wenn er das so lange Zeit, wie eine Schwangerschaft nun mal dauert, einübt, wird er es (hoffentlich!) in sein Repertoire aufgenommen haben und für weitere Fälle parat haben: zum Beispiel, wenn jemand krank ist, wenn jemand stirbt, wenn jemand leidet und weint usw.: nicht weglaufen, nicht fragen, was soll ich denn jetzt *machen*, einfach dabei bleiben, sich Zeit nehmen, trösten, ermutigen und sich freuen, wenn es gut geht.

Etwas in dieser Art widerfährt ihm in unterschiedlichen Varianten auch im Geburtsvorbereitungskurs, wo er sich fragt, was es denn da für ihn zu lernen geben soll – außer er ist gern sehr nah mit seiner Frau und ihrem schönen dicken Bauch zusammen und schätzt es, sich mit ihr zusammen zu entspannen –, dann auch zu Hause, wenn ihr übel ist oder wenn sie zunehmend unbeweglicher und träger wird – außer er ist froh und dem Schicksal dankbar, dass nicht er es ist, der die Kinder austragen muss – und endlich bei der Geburt, der ersten zumal, falls die langwierig und schwer verläuft und er das Gefühl hat, er hält es nicht aus, zu warten, herumzusitzen, ihr allenfalls den Rücken zu massieren, seine Liebste leiden zu sehen, ohne ihr helfen zu können und ihr zu glauben, wenn sie sagt: »Ich bin so froh, dass du bei mir bist.« Einmal abgesehen davon, dass schon in den letzten drei gemeinsamen Schwangerschaftsmonaten auch beim Mann das Nestbauhormon Prolactin ausgeschüttet wird – bei dem Begriff Ausschüttung handelt es sich hier mal nicht um monetäre, sondern um psychische Dividenden –, das ihn häuslicher stimmt, so kommt manchem Mann der Wickelkurs doch mehr entgegen: Da geht es um Handwerkszeug und Technik!

Dann jedoch die Belohnung! In dem Moment, in dem ein Kind geboren wird, sieht als Erster der Mann – nicht die Frau! –, dass vor seinen Augen ein Wunder geschieht: Die Zeit steht still für einen Augenblick, in dem das Kind seinen Körper entfaltet und lebendig wird. Und ab diesem Moment ist nicht mehr vorstellbar, dass dieses Kind noch kurz vorher im Bauch seiner Mutter gewesen ist. Es ist ein eigener Mensch!

Ich glaube, dass dieses Erlebnis in der Seele des Vaters etwas hervorbringt, was für das Leben des Kindes von unschätzbarem Wert sein wird. Es werden sichtbar die Eigenmacht und Selbstentfaltung dieses neuen Lebewesens und gleichzeitig seine Winzigkeit, Verletzlichkeit und Schutzbedürftigkeit. Und es erscheint mir so wichtig, dass die Väter unserer Zeit dieses Erlebnis haben, um Ehrfurcht, Schutzbedürfnis und eine emotionale Bindung an das Kind zu erfahren und das Gefühl: Es ist meins! Auch dann nämlich, wenn es nicht *seins* sein sollte. Auch, dass es der Vater körperlich erfühlt – wobei, nebenbei bemerkt, auch bei ihm das Bindungshormon Oxytozin ausgeschüttet wird, wenn er das Kind hautnah spürt. Ein von mir sehr geschätzter Kollege erzählte mir kurz nach der Geburt seines ersten Kindes, einer Tochter, er sei zur Zeit noch viel empfindsamer als seine Frau, »zart besaitet«, es kämen ihm leicht die Tränen vor Glück und die Kleine sei so süß und niedlich und knuddelig und überhaupt – er benutzte lauter Wörter, mit denen sonst nur Frauen Babys beschreiben. Um dieses kleine Kind braucht man sich keine Sorgen zu machen, es hat zwei »Mütter« – dabei kann ich bezeugen, dass dieser Mann in anderen Situationen ein »richtiger« Mann sein kann. Es könnte aber sein, dass er viele, besonders gut funktionierende Spiegelneurone in seinem Männergehirn sein eigen nennt, die »anspringen«, wenn einem Menschen, den er liebt, etwas emotional Bedeutsames widerfährt (Joachim Bauer 2005).

In verschiedenen Gegenden der Welt gibt es ganz unterschiedliche Bindungsrituale – je nachdem, wer für das neugeborene Kind zuständig ist. Und das sind eben oft nicht die Väter, sondern die Mutter zusammen mit den Frauen, besonders den weiblichen Verwandten, in deren Familie die Mutter lebt. Da hat der Vater in der Gemeinschaft der Frauen, die das Baby in Empfang nehmen und versorgen, nichts verloren. Ich wüsste gern – das wäre meine Frage an die Ethnologen –, ob sich gerade in solchen Gemeinschaften die Männer in den Initiationsritualen besonders rigoros ihrer Jungen bemächtigen, sie zu sich »holen« – weg von den Frauen!

Erwähnt wird im Zusammenhang mit der Geburt aber auch ein anderes, eher seltenes, und auf den ersten Blick so seltsam anmutendes Ritual, dass es die Aufmerksamkeit von Ethnologen erregt hat: die Couvade. Der Begriff wurde von einem alten französischen Wort für »brüten« abgeleitet – da man männliche Vögel kannte, die sich der Brutpflege widmen. Laut Hirschbergs Wörterbuch der Völkerkunde (zitiert nach Bonin 1986, auf den ich mich auch im Weiteren beziehe) ist die Couvade »das Männerkindbett, eine im nördlichen und mittleren Südamerika, in Ozeanien, Südostasien, Südindien und Südwesteuropa vorkommende Sitte, bei der der Ehemann bei der Geburt eines Kindes entweder das Gebaren der Wöchnerin zur Schau trägt oder sich gewissen magischen und rituellen Vorschriften im Interesse des Kindes unterwirft. Damit wird eine enge Beziehung des Vaters zu dem Kind betont.« Noch etwas deutlicher beschreibt Diodorus Siculus die Couvade bei den Korsen des ersten nachchristlichen Jahrhunderts: »Am paradoxesten ist, was geschieht, wenn bei ihnen ein Kind geboren wird. Wenn nämlich eine Frau gebiert, so wird auf ihr Wochenbett keinerlei Rücksicht genommen; aber ihr Mann legt sich nieder als krank, hält die Periode des Wochenbetts inne, als wenn er an seinem Körper Schmerzen erlitte.« (Schmidt 1954, S. 7) Bonin bemerkt dazu: »Ob die Geburtswehen gelegentlich empfunden oder simuliert werden, bleibt offen.« Hier haben wir es schon mit zwei Perioden der Geburt zu tun, an denen sich die Männer »beteiligen«: dem Geburtsvorgang selbst – mit Wehen – und der Couvade, eigentlich die Schonzeit der Wöchnerin, die der Mann ritualisiert übernimmt, während die Frau sehr schnell wieder an die Arbeit geht. Was die empfundenen oder simulierten Schmerzen betrifft, so neige ich zu ersterer Interpretation, die dem Autor 1978 noch ziemlich abwegig oder unentscheidbar erscheinen musste: Wusste man doch damals noch wenig darüber, dass Schmerzen, auch wenn sie »nur« vorgestellt wurden, dennoch ganz real empfunden werden, also körperlich wehtun – zumal dann, wenn, wie hier, die Frau leidet, mit der der Mann emotional verbunden ist. Ob der Schmerz von dem einen oder anderen simuliert wurde, um dem Ritual Genüge zu tun, möge dahingestellt bleiben. Die Funktion der väterlichen Beteiligung an der Geburt, einschließlich der Couvade, ist nach Interpretation einiger Ethnologen zu verstehen als »das Stiften und Festigen von Beziehungen zwischen Gatten, zwischen Vater und Kind und in der die Familie umgebenden gesellschaftlichen Umwelt ... Das Studium des ritualisierten Verhaltens von Männern um die Geburt in verschiedenen Kulturen ist deshalb von Interesse.« Bonin (S. 125) bemerkt weiter, dass auch in unserer Gesellschaft eine Ritualisierung des Verhaltens des Mannes bei der Geburt nützlich wäre, weil »Männer bei uns während der Niederkunft gern ›durchdrehen‹ (Bonin 1986, S. 121–126).

Deshalb begrüße ich – aus meiner weiblich-ethnologischen Sicht – die derzeit fast obligatorisch geforderte Verpflichtung zur Anwesenheit des Vaters bei der Geburt als ein neu etabliertes Bindungsritual für die moderne Kleinfamilie. Vater sein beginnt genau da und geht weiter mit dem zärtlichen Körperkontakt und der Freude, das Kind lächeln zu sehen. Beginnt aber auch mit dem gemeinsamen Geburtserlebnis der Eltern und der Erfahrung des Aufeinanderangewiesenseins – man könnte es auch gegenseitige Abhängigkeit nennen, und die wird und muss eine geraume Zeit bestehen bleiben.

Dass aus dieser emotionalen Abhängigkeit eine fast schon »berufsbehindernde« Bindung entstehen kann, ist eher selten, kommt dennoch vor, und dazu muss ich eine ganz bezaubernde Geschichte erzählen. Letzthin konsultierte mich ein junger Arzt wegen schwerster psychosomatischer Beschwerden wie Atemnot, Schwindel, Magenschmerzen, Hörsturz und noch einiges mehr, was ihn im letzten halben Jahr bei seiner Arbeit im Krankenhaus behindert hatte. Er dachte schon, er habe den falschen Beruf gewählt – dachte es auch wieder nicht, denn er war eigentlich sehr gern Arzt, hatte gute Arbeitsbedingungen, nette Kollegen, einen guten Chef. Ich vertrete generell die Ansicht, dass solche Symptome etwas fordern, was der Mensch, der diese Symptome »hat«, dringend brauchen würde. Also haben wir einmal nachgesehen, was das sein könnte, obwohl dieser Mann alles hatte, was er sich vom Leben je gewünscht hatte: eine geliebte Frau, zwei kleine süße Kinder, hochgeschätzte Großeltern zur Entlastung in der Nähe, eine schöne Wohnung, den richtige Beruf, ein gutes Umfeld, genügend Geld und so fort.

Die bösen Symptome kamen allerdings nur zu ganz bestimmten Zeiten und immer im Krankenhaus – niemals zu Hause, da ging es ihm gut. Denken Sie jetzt an eine Klinikallergie? Falsch geraten – sie kamen nur, wenn dieser Mann lange Dienste hatte. Überlastung, Übermüdung? Falsch geraten. Bei genauerem Hinsehen bemerkte er, als ginge ihm plötzlich ein Licht auf, dass er einfach nicht so lang von seinen Kindern getrennt sein konnte! »Ich halte das nicht aus, wenn ich die Kinder länger als einen Tag nicht sehe. Meine Familie, wissen Sie, ist für mich das Paradies, ich muss da nach ein paar Stunden immer wieder hin und meine Kinder anfassen – meine Frau auch.« Er fand es wenig einleuchtend, dass seine Symptome daher kommen könnten, war er doch ein somatisch orientierter junger Doktor, sodass ich ihm vorschlug, einfach mal die Probe aufs Exempel zu machen: Da er nun schon eine Weile krankgeschrieben war, sollte er ohne längere ›Dienste‹ wieder zu arbeiten beginnen und später unter der Bedingung längere Arbeitszeiten akzeptieren, dass er zwischendurch kurz nach Hause gehen könnte, um seine Kinder zu sehen – die hatten im Übrigen auch aushäusige Verpflichtungen wie Kindergarten und Hort. Es ist nur gut, dass psychosomatische Symptome intelligent sind – wenn man ihnen die richtige Lösung anbietet, lassen sie einen in Ruhe. Ich habe die Ehefrau, eine frühere Patientin von mir, angerufen und ihr zu ihrer Partnerwahl gratuliert. Sie sagte: »Ist das nicht wunderbar? Wir haben wirklich so was wie ein Paradies.«

Solche Geschichten hört man selten, denn wenn es gut geht, gibt es nichts zu reden, da ist man mit leben beschäftigt.

Wie es mit Vätern schiefgehen kann, darüber gibt es eine Menge Literatur, besonders schön zusammengestellt in dem lesenswerten Buch zweier Männer, Schnack & Neutzling (1990, 2003), eine Systematik missratener Vatergestalten, die ich hier, sehr gekürzt, zitiere. Die hässlichen Sachen über Männer lasse ich, wann immer möglich, von Männern kolportieren.

Als dann: Väter – eine Negativliste

(S. 89 ff.):

- Der »*Große-Bruder-Vater*« konkurriert mit seinen Kindern um die Fürsorge seiner Frau. Er nimmt in der Familie keine erwachsene Position ein ... Der Sohn eines Große-Bruder-Vaters kann in einen doppelten Loyalitätskonflikt geraten. Gegenüber der Mutter, wenn er der Empfindung

seines Vaters folgt, dass seine Not letztlich ihre Schuld
ist. Gegenüber dem Vater, weil die Verlockung sehr groß
ist, an seiner Stelle der Mann im Haus zu sein.

- Der »*geflohene Vater*« geht meist aus dem Große-Bruder-
Vater hervor, wenn der feststellt, dass seine regressiven
Wünsche in *dieser* Familie von *dieser* Frau nicht erfüllt
werden. Er legt sich gern ein Hobby zu, das seine Familie nicht mit ihm teilen kann, oder, wenn er mutiger ist,
eine Geliebte ... Manchmal nimmt ein geflohener Vater
seinen Sohn zu einem seiner Fluchtorte mit, was zu sehr
schönen Erlebnissen (und zu Loyalitätskonflikten) führen kann. Er vermittelt seinem Sohn, dass sich Männlichkeit nur in weitem Abstand zur Frau entfalten kann.

- Der »*Kumpel-Vater*« ist seinem Sohn ein ausgezeichne-
ter Spielkamerad, mit ihm kann man Blödsinn machen,
rennen, klettern, kämpfen. Mit ihm kann er nachträglich
der Superjunge sein, der er früher nicht gewesen ist. Der
Junge eines Kumpel-Vaters gerät in große Schwierigkeiten, wenn er dem Klischee des tollen Jungen nicht mehr
entsprechen kann. Die Identifikation des Vaters mit seinem Sohn und die so sicher scheinende freundschaft-
liche Beziehung kann dann abrupt abbrechen.

- Der »*bedeutende Vater*« macht alles richtig und weiß, bis
auf unbedeutenden Weiberkram, alles besser als seine
Frau. Er fährt das beste Auto, hat das Beste aus seinem
Beruf gemacht, die schmackhaftesten Grillkoteletts, die
bessere Überzeugung, mehr Grips, mehr Geld und am
meisten in der Hose. Seine Frau sitzt meistens nur dabei.
Der bedeutende Vater hat große Angst vor den weichen
Seiten seines Sohnes. Oft reagiert er auf diese Seiten
aggressiv und abschätzig. Bedeutende Väter haben (deshalb) häufig »missratene« Söhne.

- Der »*Drei-Minuten-Vater*« ist so bedeutend, dass er nicht einmal die Zeit hat, seiner Familie mit seiner besonderen Bedeutung auf den Wecker zu fallen. Der Drei-Minuten-Vater legt großen Wert auf die Feststellung, dass ihm die Familie das Wichtigste im Leben sei und dass er seine Kinder über alles liebe. Er reagiert verletzt, wenn er nicht binnen drei Minuten in dieser Auffassung bestätigt wird. Söhne solcher Väter strengen sich oft extrem an in der Illusion, dann von ihrem Vater endlich bemerkt zu werden, und in der Hoffnung, irgendwann einmal vielleicht doch so zu werden wie er. Der Drei-Minuten-Vater weiß von alledem nichts.

- Der »*demissionierte Patriarch*« ist der große Bestimmer, ohne dass seine Kinder erkennen können, aufgrund welcher Eigenschaften oder Fähigkeiten sein Herrschaftsanspruch besteht. Sein patriarchalischer Anspruch wird toleriert, aber eher wie eine Macke »Du weißt doch, wie der Papa ist«. Er wird oft und heimlich unterlaufen. Die Söhne demissionierter Patriarchen haben im späteren Leben oft große Schwierigkeiten, ihren eigenen Weg zu gehen, weil sie um den bodenlosen Neid und die tiefe Verletzlichkeit ihres alten Königs wissen oder zu wissen glauben.

- Der »*abgewertete Vater*« fühlt sich als einsames Opfer einer Verschwörung. Er fühlt sich als beklagenswertes Opfer wohl. Er findet, dass er zu wenig geliebt wird. Er hat es zugelassen, dass er in seiner Familie an den Rand gedrängt wurde. Er hat überhaupt keine Ahnung davon, wie viel Liebe und Solidarität ihm sein Sohn in Wahrheit entgegenbringt und wie sehr er mit ihm leidet. Manchmal empfindet sein Sohn Wut und Verachtung ihm gegenüber, weil er es nicht aushält, wie sich sein Vater zum Opferlamm macht. Dass sein Sohn als Erwachsener möglicherweise eine ganz ähnliche Situation suchen, eine ganz ähnliche Ehe eingehen wird, nur um ihn, die alte Vater-Flasche, zu rehabilitieren, käme ihm völlig absurd vor.

- Der »*Frauen verachtende Vater*« ist davon überzeugt, mit einer Schlampe oder mit einem Dummchen verheiratet zu sein. Er liebt Männergesellschaft und dreckige Witze. Sein Sohn, der den ganzen Tag mit dieser blöden Frau, die seine Mutter ist, zusammenlebt und versorgt wird, gerät in unüberbrückbare schwere Loyalitätskonflikte, die ihn oft dazu bringen, die Familiendynamik zu übernehmen und so viel Unfug, Krankheiten oder Mist zu produzieren, dass seine Eltern gar nicht anders können, als sich zusammenzutun. Wenn sich Frauen aus solch einer Ehe lösen, blühen sie auf, während ihre Männer zusammensacken wie ein Plastikkrokodil, dem die Luft ausgeht.

- Der »*alternative Vater*« hat sich ohne erkennbaren inneren Aufwand von allen traditionellen Vaterbildern gelöst. Er kümmert sich um seine zärtlichen, versorgenden, gefühlvollen Eigenschaften. Seinen Kindern ist er ein liebevoller Vater. Sein Selbstbetrug besteht darin, dass er großherzig auf eine Stärke verzichtet, die er nie besessen hat. Seinen Verzicht auf eine (ihm an sich zustehende) erfolgreiche Rolle in der Männerwelt hält er für sehr edelmütig, wodurch ihm entgeht, wie viel Furcht er hat, dass er dort versagen könnte. Spontan seine Wut zu äußern, fällt ihm schwer. Ab und zu begehrt er auf, aber zumeist am falschen Ort oder zur falschen Zeit. Zu seinem Sohn hat er ein enges Verhältnis, wobei die Mechanismen seiner väterlichen Machtausübung oft sehr versteckt sind. Alternative Väter haben oft Söhne, die im sozialen Leben sehr schüchtern und zu Hause frech und aufbegehrend sind.

■ Der »*unzuverlässige Wochenendvater*« lebt von seinen Kindern getrennt. Immer kommt er ein bisschen zu spät, und meistens muss er ein bisschen früher dringend wieder gehen. Seine Entschuldigungen hören sich auf eine merkwürdige Weise jungenhaft an, so als wolle er erklären, warum er seine Schulaufgaben vergessen hat. Sein Sohn wird eine enge und wahrscheinlich nur schwer zu lösende Beziehung zu seiner Mutter entwickeln. Die Unsicherheit, die er in Bezug auf die Zuneigung seines Vaters in sich trägt, wird er in sein Selbstbild einbauen.

■ Der »*Schattenvater*« als Begriff stammt von der Bonner Rechtsanwältin Barbelis Wiegmann. Sie bezeichnet damit den Vater, der sich nach einer Ehescheidung überhaupt nicht mehr um seine Kinder kümmert und mit unterschiedlichen Begründungen jeglichen Kontakt ablehnt. Wenn das für ihn warme Nest der Familie gescheitert ist, verdrängt er die Tatsache seiner Vaterschaft. Der Schattenvater tröstet sich mit der Vorstellung, die Kinder seien »bei der Mutter gut aufgehoben«.

■ Der »*Kuckuck-Vater*« sitzt im fremden Nest. Er verliebt sich, oftmals mehrfach hintereinander, in alleinerziehende Mütter. Als Vater auf Zeit oder als Ersatzvater in spe entwickelt er ungeahnte Qualitäten. Die Kinder beobachten aufmerksam, wie sich das Verhältnis zwischen ihrer Mutter und deren neuem Freund entwickelt, die ihrerseits vorsichtig ihr Herz für die Vorstellung öffnet, vielleicht doch wieder mit einem Mann und ihren Kindern zu leben. Spätestens jetzt macht der Kuckuck-Vater einen Abflug. Dass er sich eine alleinerziehende Frau als Partnerin gesucht hat, war vor allem als Vorbereitung einer Flucht gedacht. Der Kuckuck-Vater spielt Familie. Ein Junge, der mehrere solcher Kuckuck-Väter erlebt hat, hat von Männern, seinem eigenen Geschlecht, gründlich die Nase voll. Ein erwachsener Mann zu werden, so lernt er, hat etwas mit Verrat zu tun. (Zitat Ende)

Was lernen wir, vielmehr die zukünftigen Väter, aus dieser Negativliste? Vorsicht Falle, versteckte Kamera, wie man's macht, ist es verkehrt! Es ist immer was falsch, und wenn man erst mal ein oder zwei Psychologen draufschauen lässt – auf das eigene Vater-Leben oder das der Väter insgesamt –, dann weiß man am Ende sogar noch, *was* falsch gelaufen ist. Dann sind die Kinder aber schon groß und man kann nur noch mit Bedauern sagen, zum Beispiel: »Ach, hätte ich mir nur mehr Zeit genommen!« Die Kinder hören diesen Satz meist genau so, wie er gemeint ist: hätte ich *mir* ...! Und denken sich: »Beim Spielen hat er *sich* auch immer die Eisenbahn genommen. Und beim Fußballspielen musste ich gut sein, damit *er* stolz sein konnte. Und die großen Burgen hat *er* auch immer fast ganz allein gebaut. Und wenn ich daran denke, wie begeistert er dabei war, hab ich ihn richtig lieb.« Zum Trost empfehle ich allen Vätern, besonders denen, die über ihr eigenes Vatersein nachdenken, und das sollten tatsächlich alle hin und wieder tun, das Buch: »Gott fährt Fahrrad oder Die wunderliche Welt meines Vaters« von Maarten 't Hart (2003).

Vater sein – wie geht das?

Stellt sich die Frage: Vater sein, generativ leben, wie geht das? Wozu sind sie, die Väter, denn nun gut? Und wieso sage ich am Anfang des Kapitels, dass Vater-Sein einfach sei? Ganz einfach deshalb, weil Sie sich gar nicht bemühen brauchen, ein guter Vater zu sein. Seien Sie einfach ein starker Mann – und wenn Sie ein Kind bekommen, dann bekommen Sie gleichzeitig die besten Voraussetzungen geboten, ein solcher zu werden.

Als es noch als ein Unding angesehen wurde, dass ein Mann bei der Geburt seines Kindes anwesend war, konnte die (Lehr-)Meinung entstehen, dass in den ersten drei Jahren der Vater entbehrlich sei. Fragt sich, für wen? Für das ganz kleine Kind noch am ehesten, wenn es eine bindungsfähige, das heißt resonanzfähige Mutter hat und eine familiäre Umgebung, die immer da ist zu ihrer emotionalen Unterstützung, tätigen Entlastung und finanziellen Absicherung – für die heutige Kleinfamilie eine Utopie, die sie sich in manchen Fällen nicht einmal wünschen würde. Für heutige Mütter ist der Vater zumindest anfangs unentbehrlich, da braucht die Frau seinen Schutz und die Fürsorge besonders dringend, um sie an das Neugeborene weitergeben zu können. Sie ist nach der Geburt verletzlich und sucht die Geborgenheit für sich selbst und das Kind bei ihm. Er ist dafür zuständig, dass sie sich nicht allein fühlt und auch zu ihrer Unterhaltung, sonst wird sie schlecht gelaunt, erschöpft und womöglich depressiv, was wiederum für das Kind schlecht ist. Scheint auch schon während der Schwangerschaft schlecht zu sein – weil inzwischen bestätigt wurde, dass das Kind im Uterus schon eine ganze Menge mitbekommt. Es kann zum Beispiel hören, erkennt die Stimme seiner Mutter, in der sich ihre Stimmung ausdrückt, und für diese könnte sich auch der werdende Vater zuständig fühlen.

Die Anfangszeit ist anstrengend, besonders wegen der Nächte – da zeigt sich die Stärke des Mannes, wenn er aufsteht, damit seine Frau mal durchschlafen kann. Dafür darf er morgens arbeiten gehen und sich dabei erholen, auch wenn er noch müde ist. Was bei der ganzen unseligen Diskussion über die Berufstätigkeit von Müttern kleiner Kinder oft vergessen wird: Konzentriertes Arbeiten ist die reinste Erholung im Vergleich zu einem ganzen Tag mit einem, sagen wir mal, zweijährigen Kind. Die Erschöpfung der Mutter kommt vom andauernden Nicht-bei-sich-sein-Können – kein Wunder, wenn sie manchmal vollständig außer sich gerät und anfängt zu schreien. Schon aus diesem, neben vielen anderen Gründen, ist die Arbeitsteiligkeit in allen Belangen in der Kleinfamilie eigentlich unverzichtbar. Wenn Paare klug sind, dann setzen sie sich über alle gesellschaftspolitischen Moden hinweg und suchen sich die Variante, bei der sich beide am wohlsten fühlen – dann geht es auch ihrem Kind gut. Das Beste an der Arbeitsteilung – zu Hause und im Job – ist das gegenseitige Verständnis. *Nur* berufstätige Väter verstehen oft nicht, dass sie abends, wenn sie müde von der Arbeit kommen, sehnlichst erwartet werden – sie denken, das hat was mit Liebe zu tun, stimmt vermutlich, noch mehr aber mit der Erschöpfung der Mutter. Der Vater, auch erschöpft, denkt, er müsste erst mal eine Pause haben, und sagt: Lasst mich doch erst einmal durchatmen! Das sollte er bereits draußen getan haben, vielleicht nicht gerade in der Bar zur Happy Hour – joggen oder spazieren gehen tut's auch, eine längere Heimfahrt ist ebenfalls nützlich. Solche Ratschläge brauchen diejenigen Männer nicht, denen beim Anblick ihrer Familie automatisch das Herz aufgeht. Die anderen sollten sich erst einmal eine Pause genehmigen und dann darauf achten, was passiert, wenn sie beim Heimkommen die Arme einladend ausbreiten – ob sich ihr berufsbedingter Brustpanzer noch von selbst öffnet oder ob er schon festgewachsen ist. Dann aber schnell zum Schmied und Scharniere einbauen lassen!

Hier spätestens stellt sich heraus, dass Vater-Sein für den Mann selbst am unentbehrlichsten ist. Es ist eine der guten Möglichkeiten, seinem Leben Bedeutung zu geben, weil da jemand ist, der etwas von ihm will und erwartet. Der ihn ansieht und sagt: Das ist mein Vater – und es wird darauf ankommen, ob er das mit Stolz sagen wird. Nicht nur umgekehrt: Du bist mein Sohn und ich bin stolz auf dich! Diese Chance, ein Mann zu werden, dem das Kind vertrauensvoll die kleine Hand in die große legt, zu dem es kommt, um sich Rat zu holen, dem es sich anvertraut, wenn es Angst hat oder Mist gebaut hat – um zu hören, dass auch der Vater oft einmal Angst hatte und Mist gebaut hat – eine solche Chance gibt es im Leben sonst nicht so leicht. Und es ist darüber hinaus auch nicht zu unterschätzen, dass Vater-Sein auch heißt, ein anderer Vater zu sein, als der eigene es war bzw. sein konnte.

Drum ist die Orientierung an den väterlichen »Aufgaben« vorausgegangener Generationen, was damals hieß: Regeln aufstellen, auf ihre Einhaltung dringen, wenn nicht, strafen, vielleicht gar nicht mehr so opportun. Vater zu sein, könnte auch heißen, ein Mann zu sein, der das Leben liebt, der souverän durchs Leben geht, der großzügig und wohlwollend ist, der sich mit seinen Kollegen verträgt, der Freunde hat und seine Frau, wenn schon vielleicht nicht mehr liebt, so doch achtet und ausreden lässt.

Väter und Söhne haben es ja sehr oft schwer miteinander – die dazugehörigen Mütter nicht minder. Es scheint mir dennoch wichtig, wenn man sich noch mal die obige Liste der Väter-Versager vor Augen führt, dass sie sich gegenseitig nicht ausweichen, also nicht voreinander weggrennen. Sondern standhalten, bis die Söhne über die Pubertät hinaus sind.

Dafür will ich an dieser Stelle einen Vorschlag machen. Wenn zwei Menschen heiraten, schließen sie oft einen Ehevertrag – der dreht sich um die Verteilung der Vermögenswerte bei einer womöglichen Trennung. Nehmen wir einmal an, wir würden Kinder als ein wertvolles Vermögen ansehen, das jedoch anders als Sachwerte einen Wert an sich – ganz im Kantischen Sinne – besitzt, dann könnten wir schon von daher nicht mehr so verfahren, wie es derzeit bei Trennungen unter den Eltern üblich ist: zählen und rechnen und aushandeln, wie viel Kind, Zeit und Geld jedem zusteht. Dann müssten wir, in Anerkennung des Eigenwertes der Kinder, anfangen, anders zu verhandeln. Deshalb wäre es gut, einen »Familienvertrag« zu schließen, in dem beide Eltern zustimmen, dass sie die Familie – bestehend aus Mutter, Vater, Kind(ern) und einem gemeinsamen Haushalt – aufrechterhalten, bis das letzte Kind ein bestimmtes Alter, sagen wir mal 15–17 Jahre, erreicht hat. Solch ein Vertrag müsste, was die Modalitäten des Zusammenlebens betrifft, vermutlich alle 5 bis 7 Jahre gemeinsam mit einem Familien-Mediator (das wäre ein neu zu entwickelndes Berufsbild) verhandelt werden. Das würde, wie ich annehme, dazu führen, dass von Anfang an eine verbindliche Sicherheit entsteht, auf deren Basis sich ganz unterschiedliche Formen des familiären Zusammenlebens bilden könnten. Zumindest wäre eine der wünschenswerten Nebenwirkungen, dass Eltern sich nicht trennen müssten, nur weil sie sich oder einer den anderen nicht mehr lieben. Liebe als Grundvoraussetzung für Paarbildung und Elternschaft ist ja eine schöne Sache, aber anzunehmen, dass sie unveränderlich sei, und wenn nicht, dann muss eine neue

Liebe her, halte ich persönlich für lebensunpraktisch. Es stellt sich nämlich heraus, und das weiß ich aus vielen Paargesprächen definitiv, dass die Liebe kommt und verschwindet, wohin auch immer, und dann oft auch wiederkommt, meist viel später, dass Krisen kommen und gehen, dass es manchmal miteinander nicht leicht ist – dann ist es eben schwer, warum nicht? Und dass dies alles etwas ist, was Kinder miterleben sollten! Diese Familienphasen mit Anstand gelebt zu haben, würde zu einer guten Lebensbilanz beitragen. Im Endeffekt sind es ja nur vertraglich geregelte 15 bis 20 Lebensjahre. Wenn man die heutige Lebenserwartung bedenkt, ein Klacks!

Falls an dieser Stelle jemand eine Lanze für die hübschen bunten Patchwork-Familien brechen möchte, dem möchte ich doch zu bedenken geben, dass ihre Verfechter zwar ein gutes Konzept und sehr gute Absichten haben, dass sie aber den Schmerz, den einige der Beteiligten, aber vor allem die zwangsweise beteiligten Kinder, tapfer herunterschlucken, zu wenig beachten – was man verstehen kann, weil die »neuen« Eltern so sehr damit beschäftigt sind, es gut zu machen. Was mich beunruhigt, ist vor allem, was die Kinder daraus lernen: Lieber gar keine feste Bindung? Wenn es schwierig wird, davongehen? Lieber keine Kinder? Lohnt sich Zukunftsplanung überhaupt? Auf wen kann ich zählen? Wer gehört zu wem? Wie ist Loyalität definiert? Gibt es einen Ort, der mir gehört? Was ist das, zu Hause sein? Und so weiter.

Andererseits: Wie ich Kinder und junge Leute einschätze, machen sie sich ihre eigenen Familien-Entwürfe, und vermutlich gehen wir derzeit schon wieder stabileren Verhältnissen entgegen. Viele von ihnen haben aus leidvollen Erfahrungen gelernt und werden versuchen, etwas Besseres zustande zu bringen. Wir drücken ihnen die Daumen!

Wenn Väter älter werden, sollten sie jedenfalls den Zeitpunkt nicht verpassen, wann sie ihren Söhnen erlauben, sich über sie, die Väter, zu erheben! Dann müssen sie auf dem eigenen absteigenden Ast fest sitzen bleiben und gelassen und vielleicht auch sehr geduldig zusehen, wie ihr Sohn in der Weite der großen Welt seine eigenen Möglichkeiten erkundet.

Tiziano Terzani, der vor seinem bald erwarteten Tod seinem Sohn Folco die lange Geschichte seines Lebens erzählt, sagt in seiner Lebensbilanz auch etwas über sich selbst als Vater (Terzani 2007, S. 377): »Für mich hieß Vatersein nicht, ›Kille-kille-kille!‹ zu machen, zusammen ins Schwimmbad zu gehen oder Fußball zu spielen. Für mich hieß es, Erinnerungen zu säen, Erfahrungen, Gerüche und euch eine Vorstellung von Schönheit und Größe zu vermitteln, die euch im Leben weiterhelfen würde. Deswegen habe ich euch so oft irgendwohin mitgenommen. Doch den Anspruch, mehr zu sein als jemand, der Erinnerungen sät, hatte ich nie.« Und auf die Frage des Sohnes, was er von seinen Kindern erwartet habe: »Die Erwartungen eines Vaters können eine schwere Bürde sein. ... Wenn ich mich also frage, was ich für dich erträumt habe, ist die Antwort ganz einfach: Ich wollte vor allem, dass du frei bist.« »Sieh dich um! Die Welt ist voller Dinge, die entdeckt werden wollen.« (S. 382)

So gesehen kann das Sosein eines Vaters, wenn es gegenüber dem Sohn wohlwollend ist, eine Ermutigung sein, das *eigene* Leben zu suchen. Auch die eigene Arbeit. Noch einmal Terzani: »Ich finde, das Beste, was ein junger Mensch tun kann, ist, sich eine Arbeit zu erfinden, die seinen Fähigkeiten und Bestrebungen entspricht und die ihm Freude machen, ohne diese ständige Resignation, ohne die es heute nicht mehr zu gehen scheint ... Verstehst du, was ich meine? Man muss sich seine Arbeit erfinden. Das geht!« (S. 383)

Um auf den Anfang zurückzukommen, weshalb ich meine, dass Vater-Sein nicht schwer sein (sollte). Es handelt sich dabei nämlich um eine asymmetrische Betrachtung, bzw. die Richtung der Beurteilung geht fast immer von hier nach zurück oder voraus: »So war mein Vater«, sagt der Sohn, »ich will und werde als Vater so oder so sein.« Haben wir schon einmal in einer Autobiografie gelesen: »Mein Selbstbild als Vater«? Da kommt doch gleich ein Sohn herbei und erzählt, wie es wirklich war, und der im wahrsten Sinne Betroffene staunt nicht schlecht, fragt sich, wer da wohl gemeint sein könnte, und kann sich daran nicht erinnern. Für Mütter gilt Gleiches. Und wenn dann noch verschiedene Geschwister ganz unterschiedliche Familiengeschichten erzählen, sodass man denken könnte, sie hätten gar nicht die gleichen Eltern gehabt, geht manchem Vater ein Licht darüber auf, dass seine ganzen Vater-Konzepte ziemlich vergebens waren. Dann doch lieber einfach gut leben!

Eines Tages, dann schon als Groß-Vater, gelangt er womöglich zur Erkenntnis, dass das Leben, sein eigenes auch, nichts weiter war als ein leichter Wind, der vorüberweht – mehrgenerational betrachtet. Und er wird das mit Gelassenheit sehen, weil auch seine Fehler und Mängel und all das Gescheiterte und das Ungelebte vorbeiweht und unwichtig wird im Betrachten derer, die nachkommen. Und dann spätestens wird er vielleicht dafür sorgen, dass dieser Wind einen Duft hinterlässt, einen bewohnbaren Raum und nicht eine übel riechende Schwade, damit die Jungen nicht den Eindruck haben, dieser Mann sei nur ein kleiner Furz gewesen, der seinen eigenen Lebensraum auf Dauer verpestet und unbewohnbar gemacht hat, sodass man sich weder zu seinen Lebzeiten noch nach ihm in seinem »Haus« aufhalten mag und nur die eine Möglichkeit sieht – weit weg zu gehen.

8. Worin sie gut sind, die Männer, oder:
Was man von ihnen nicht verlangen sollte

Wenn früher – das ist schon lange her – mein Mann oder ein Mann sagte: »Das kann ich nicht!«, dann dachte ich immer: »Du könntest es ja lernen!« Heute denke ich das nicht mehr so häufig, vielmehr öfters einmal: »Unmögliches darf nicht verlangt werden!« – und mache es selber. Mittlerweile empfinde ich dabei nicht einmal mehr den früher üblichen Hochmut, weil ich gemerkt habe, dass es umgekehrt ebenso läuft, aber nicht ganz so abwertend. Denn der Gleichheitsgrundsatz wird weniger von Männern auf Frauen angewendet – worunter die Frauen oft zu leiden hatten, was ihnen aber nicht selten auch zum Vorteil gereicht –, sondern umgekehrt eher von Frauen auf Männer, wenn sie von ihnen so einfache Sachen verlangen wie: Über die Beziehung oder wenigstens ihre eigenen Gefühle zu reden, zu merken, wann es ihrer Frau schlecht geht, zu wissen, was sie sich wünscht, oder wenigstens zu sehen, wann der Mülleimer voll ist, und so weiter.

Letzthin saß ich in einem noch stehenden Lufthansa-Bus neben einem japanischen Mann, der ebenfalls gerade in Frankfurt gelandet war. Er fragte mich, wo denn hier die Himmelsrichtungen wären, also z. B. Süden – ganz zweifellos wollte er sich orientieren. Es war stockdunkel, und ich hatte – weiblich eben – keine Ahnung, deutete aber in irgendeine Richtung, um ihn zu beruhigen. In der Reihe vor mir saß ein Mann, der den vorhergehenden Bus verpasst hatte und deshalb eine Stunde warten musste: Der Bus war vor seinen Augen davongefahren, weil er nicht realisiert hatte, dass die Lufthansa jetzt kleine statt der gewohnten großen Busse einsetzt. Ich fragte ihn, ob seine Frau nicht dabei wäre, denn die hätte doch sicher jemanden gefragt. »Ja«, sagte er, »das stimmt – auch beim Autofahren kurbelt sie immer das Fenster runter und fragt nach dem Weg – ich habe mir jetzt aber ein Navigationssystem gekauft!« Navigationssysteme sprechen mit einer hellen weiblichen Stimme – aber die ist programmiert, vermutlich von einem Mann.

So ist das: Ein Mann erfindet das Telefon, wir Frauen benutzen es für stundenlange Plaudereien, eine Zeit, die wir haben, weil irgendein Mann Waschmaschinen, Geschirrspüler, Staubsauger etc. erfunden hat. Beim Computer interessiert es uns, *dass* er funktioniert, den Mann interessiert es, *wie* er funktioniert, und wenn er mal nicht funktioniert, rufen wir einen Mann – nicht damit er uns erklärt, wie wir ihn reparieren, sondern damit er ihn wieder zum Funktionieren bringt.

Das ist nun zwar richtig klischeehaft, denn ich kenne eine ganze Reihe von Frauen, die alles das auch können und vermutlich auch Waschmaschinen erfinden. Sie können zum Beispiel auch ganz allein ihren Mantel anziehen – möglicherweise sagen sie es sogar. Und schon ist wieder eine männliche Kernkompetenz verlorengegangen. Männer sind gemeinhin größer als die Frau in ihrer Begleitung, sie sind in der Lage, einen Mantel von hinten so hinzuhalten, dass man bequem mit den Armen hineinfahren kann – wenn der Mann ein netter Mann ist, benutzt er sogleich die Gelegenheit, der Frau auch noch den Mantelkragen schön warm um den Hals zu legen, und daraus kann dann auch noch Weiteres entstehen. Ähnlich ist es, wenn ein Mann im Restaurant einer Frau den Stuhl zurechtschiebt, bis sie sitzt. Erst dann darf er sich hinsetzen, was man als eine ritualisierte Geste des Respekts deuten kann, wenn man will. Beide Gesten sind asymmetrisch, sie werden eher nicht von Frauen für die Männer vollzogen, außer selbige sind alt und gebrechlich. Daraus zu schließen, dass sie nur Alten und Gebrechlichen zustehen und dass Frauen bei solchen Gelegenheiten von Männern als schwach gekennzeichnet und behandelt werden, sollte eigentlich kein Grund sein, sie abzulehnen. Ich selbst habe mich seit meiner Kindheit darüber gefreut, wenn ich keine schweren Taschen, Koffer, Säcke schleppen musste. Weil irgendein Mann mich sah und für schwach hielt – und sie mir sogleich abnahm. Also Vorsicht: Wenn man alles selbst kann, muss man am Ende alles selbst machen – und darf sich dann nicht beklagen. Zu diesen Frauen sagen dann manche Männer traurig: »Du brauchst mich ja nicht!« Wenn die Frau dann sagt: »Ich liebe dich einfach so, nicht weil du mir nützlich bist!«, dann kann so mancher Mann das nicht verstehen. Er findet so was regelrecht sinnlos. Denn er – hingegen – braucht seine Frau! Und: Was ist von ihm noch übrig, wenn er nicht gebraucht wird? Gebraucht werden bedeutet Anerkennung. Die muss aber auch gezeigt oder ausgesprochen werden. Das männliche Selbstwertgefühl hängt davon ab.

Es gibt noch Kulturen, in denen erwachsene Männer voll Stolz sagen: »Ich arbeite so viel, um meine Familie zu ernähren«, oder voll Verzweiflung: »Wie soll ich denn meine Familie ernähren?« Der spanische Sohn einer Freundin war auf eine ebensolche Art verzweifelt, als es so aussah, als würde er die Schule nicht schaffen: »Wovon soll ich dann später meinen Kindern Weihnachtsgeschenke kaufen?« Da war der Knabe gerade mal 15 und doch schon ein echter spanischer Mann.

Bei uns kann das »Familie ernähren und Weihnachts-geschenke kaufen« auch die Frau. Und das ist gut so. Denn oft bleibt ihr gar nichts anderes übrig. Falls der dazuge-hörige Mann jedoch das Gefühl hat, dass er deshalb nicht gebraucht wird, investiert er sein Können möglicherweise anderswo. Einer meiner früheren Klienten, ein erwachsener Mann und gefragter Fernsehregisseur, war mir schon mo-natelang, bevor er bei mir auftauchte, von drei verschiede-nen Frauen angekündigt worden: »Den schicke ich mal zu Ihnen.« Es waren alles erfolgreiche eigenständige Frauen, deren Lebenswege dieser Mann gekreuzt hatte. Ich dachte zuerst, er sei derzeit mit allen dreien liiert, weil sie sich so herzlich um ihn gekümmert hatten. Er sagte, er lebe allein, aber sein größter Wunsch sei schon immer gewesen, eine »italienische Familie« zu haben. Bei seinem ersten Versuch lebten er, seine Freundin und seine kleine Tochter mit der Freundin seiner Freundin und deren kleinem Sohn zusam-men. »Nach einiger Zeit hatte ich das Gefühl, dass ich nur im Weg herumstand und zusätzliche Arbeit machte. Sie fanden es zu zweit mit den Kindern einfach einfacher. Da bin ich dann gegangen.« Die zweite Frau hatte schon einen Sohn und sagte, dass sie eigentlich einen Vater dazu haben wollte und nicht noch einen weiteren kleinen Jungen. Mit der dritten sei es lang gut gegangen, er habe sie sehr ge-liebt und wäre gern mit ihr alt geworden. Aber sie sei mit der Zeit immer unzufriedener geworden. Obwohl er immer noch denke, dass ihr einerseits seine berufliche Bekanntheit, die ihm viel Anerkennung (sic!) bringe, auch etwas bedeu-tet habe, habe sie sich andererseits von ihm gefühlsmäßig vernachlässigt gefühlt – »Vielleicht wissen Sie, was ich meine, ich wusste zu wenig, wie sie sich fühlt, also da ging es nicht um Mitgefühl, wenn es ihr schlecht ging, nein, nein, auch sonst, in ganz normalen Situationen, sie dachte, ich als Regisseur müsste doch wissen, was in einem anderen Menschen vorgeht ... – und hat sich von mir getrennt. Das war schlimm, hat mich zwei Jahre meines Lebens gekostet, seither bin ich solo.« Ich fragte ihn, was er sich denn unter einer »italienischen Familie« vorstelle. Er meinte: »Also, die Familie ist immer da, und der Mann kommt heim, es ist was gekocht, es ist was los, man kann auch wieder gehen und dann wieder kommen« und so fort. Eine solche Familie ist einerseits selbstgenügsam, d.h., sie kommt auch ohne ihn gut zurecht, andererseits stolz auf den Mann, den sie ihr Eigen nennt, als Ehemann, Vater, Onkel, Großvater etc.

Nun also sind wir bei den italienischen Männern angelangt. Es gab in Italien vor ein paar Jahren eine repräsentative Untersuchung an jungen Männern so um die 30, unter anderem zu der Frage, was sie sich von einer bzw. ihrer Frau wünschten. Schutz und emotionale Unterstützung als Erstes. Und: eine (italienische) Familie, wie sie oben beschrieben ist.

Nun denken wir doch immer, für den Schutz sei der Mann zuständig! Das stimmt schon – für den Schutz nach außen, gegenüber äußeren Feinden. Der Schutz für seine verletzliche Seele muss von der Familie kommen, wie ganz am Anfang des Lebens. Dafür braucht der Mann eine Frau.

Mann und Frau – ein Komplementärmodell

Letzten Winter kam ich in das kleine ligurische Dorf, in dem wir schon seit Langem immer mal wieder wohnen. Dort war gerade der *Marito* meiner Nachbarin gestorben.

Also bat ich sie herein, um ihr zu kondolieren, was sie aber irgendwie nicht so richtig zuließ. Als ich ihr mein Bedauern ausdrückte, sagte sie: »Es ist schon besser, wenn nicht die Frau zuerst stirbt. Männer (italienische) kommen nicht gut allein mit dem Haushalt zurecht.« Dann versuchte ich es damit, sie zu bedauern, weil sie doch jetzt allein sei, was sie in höchstes Erstaunen versetzte: »Aber ich habe doch meine Familie, meine Tochter und die Enkel, und meinen Sohn, der wohnt ja auch im Dorf!« Dann machte ich einen letzten Beileidsbekundungsversuch und sagte, dass sie doch jetzt sicher traurig sei!? Was sie, sich aufrichtend und leise lächelnd zurückwies mit der Bemerkung: »Siamo dodici!« Das heißt: »Wir sind jetzt 12 Witwen im Dorf« – was bei nicht ganz 300 Einwohnern schon eine ordentliche Anzahl von Frauen für schwesterliche Solidarität und zum abendlichen Schwatzen und Bingospielen abgibt. In einer solchen Situation, wenn die Frau alt genug ist, wenn genügend andere Frauen da sind und ein paar männliche Nachkommen zum Zupacken, braucht die Frau keinen Mann – außer natürlich, wenn sie einen hat, den sie liebt.

Das heißt natürlich nicht, dass der Mann in der Familie überflüssig wäre, wie manche Männer inzwischen selbst oft annehmen. Nein, sie leisten auch da, was sie können. Und wenn er mit dem, was er kann, zum Ansehen der Familie beiträgt, wenn die Familie um diesen Prachtkerl beneidet wird, auch, wenn er zum Beispiel gut tanzen, grillen, Geschichten oder auch nur Witze erzählen kann (aber bitte nicht immer die gleichen!), hat er schon viel getan. Ich kenne so einen, einen echten Firmen-, Familien- und Großvater, einen wunderbaren, großzügigen, mitfühlenden Menschen, der für seine kleine Enkelin postwendend einen braven Gaul gekauft hat, weil sie wegen ihrer verkrümmten

Wirbelsäule reiten soll, der stundenlang neben der kleinen Reiterin herläuft und sie an ihrem Beinchen festhält, obwohl er wegen seiner eigenen Wirbelsäule sonst keine 500 Meter gehen kann, der die Geburtstage seiner Angestellten nicht vergisst. Der aber auch sagt: »Wenn Sie wissen wollen, wie es mir geht und was ich fühle, müssen Sie meine Frau fragen, die weiß das, die sieht es mir an, wenn mir was im Gemüt herumgeht. Meine Frau sagt auch immer: Du verstehst zwar nicht, was in mir vorgeht, aber das macht nichts, du bist eben ein Mann.« Recht hat sie. Und sie hat eine, zwei, drei gute Freundinnen.

Ich wundere mich immer, wieso die Vorstellung »Die Frau gehört ins Haus, der Mann ins feindliche Leben« so viele Kontroversen auslöst, gleichermaßen Ablehnung wie Zustimmung, obwohl doch die Realität schon weit darüber hinweggegangen ist: Frauen sind selbstverständlich draußen, und zufriedene Hausmänner gibt es auch ein paar. Ich glaube, hier handelt es sich um eine Metapher, die eine tiefere Wahrheit enthält, als sich in der sichtbaren Realität abbildet: Offenbar ist es so, dass die Seelenräume, also die psychischen »Innenräume«, den Frauen leichter zugänglich sind, während sich der Mann in den konkreten »Außenräumen« mit ihren Aufgaben, Herausforderungen, ihren Kriegen und Kämpfen besser auskennt.

Mittlerweile werden allerdings auch die Außenposten mehr und mehr von Frauen besetzt, auch in den oberen Etagen der Wirtschaft und Politik, weil sich die Anforderungen der neuen Kommunikationsgesellschaften in Richtung weiblicher Kernkompetenzen verschoben haben – auch homosexuelle Männer haben da gute Chancen. Sie besonders und eben auch die Frauen verfügen nicht nur über die geschmeidigeren Interaktions- und Konfliktstrategien, sie sind auch in ihrem Auftreten anpassungsfähiger und, ästhetisch gesehen, eleganter. Und, was hinzukommt: Frauen kommen mit homosexuellen Männer gut aus. Mit den Normalos offenbar auch, denn die Zusammenarbeit zwischen Männern und Frauen scheint auch in den oberen Etagen der Wirtschaft gut zu funktionieren. Der Spiegel vom Juni 2008 (S. 53) zitiert eine Studie aus dem »Catalyst« über 500 börsennotierte US-Firmen und deren geschäftliche Entwicklung zwischen 2001 und 2004 und stellt fest, dass schon damals diejenigen Firmen, in deren Vorständen drei oder mehr Frauen saßen, deutlich höhere Profite erwirtschafteten als solche mit einem geringeren Frauenanteil. Aus solchen, und nicht aus moralischen Gleichstellungserwägungen heraus besetzen die Norweger ihre Aufsichtsräte mit mindestens 40 % Frauen. Warum das so günstig ist?

Die Kombination männlicher und weiblicher Kompetenzen bringt's!

Simon Baron-Cohen (2004) hat viele Belege dafür zusammengetragen, dass das »typisch weibliche« Gehirn – wobei man wiederum betonen muss: nicht durchgängig das Gehirn von Frauen! – eine höhere Fähigkeit zu Empathie, also Einfühlungsvermögen, hat. Frauen beachten nämlich auch in beruflichen Kontexten, dass es da des Öfteren um wirkliche Menschen geht. Während es dem »typisch männlichen« Gehirn meistens an Einfühlungsvermögen und emotionaler Intelligenz mangelt und es stattdessen eine ausgeprägte Fähigkeit zum Systematisieren besitzt. Was heißt das für die Männer? Sie schauen nach draußen in die Welt, auf Gegenstände, Sachen, Aufgaben, Konzepte, Zusammenhänge – und wollen wissen, wie das, was sie sehen, funktioniert, auch wenn es sich um etwas so Komplexes handelt wie eine Frau.

Angeblich, das heißt, wenn man dem Autor von »Wie Männer ticken« glauben darf (Brost 2006) – ticken ist ein modernes Wort aus dem Umfeld von Uhren- oder Bombenkonstrukteuren für funktionieren –, verfügen auch »echte« Männer über Fähigkeiten, die homosexuelle Männer habituell auszeichnen, und zwar dann, wenn sie darauf aus sind, eine Frau für sich einzunehmen und zu verführen. Dann können sie reden, erzählen, sich einfühlen, ihr Inneres nach außen kehren, ihre Verletzlichkeit zeigen und so tun, als wären sie »wirklich« so. Sehr bald nach erfolgreichem Abschluss der Anbaggerei, das heißt, wenn sie die Eroberung gesichert haben – wie ein Kunstliebhaber das begehrte Kunst-Stück –, kehren sie wieder zu ihrem üblichen Männlichkeitsgehabe zurück: cool, wortkarg, selbstbezogen, eigenbrötlerisch, außenorientiert, alexithym. Was das heißt? Gefühlsblind. Kein Zugang zur eigenen seelischen Befindlichkeit, zu den Gefühlen anderer oft auch nicht.

Nun, was soll man dazu denken? Ich denke, dass die meisten Männer in zwei verschiedenen, ja gänzlich gegensätzlichen Welten leben. Ihr Innenleben haben sie bei ihrer Mutter, ihrer ersten großen Liebe, zurückgelassen und hoffen, es bei einer Frau wiederzufinden. Weil die Mutter wusste, dass ihr kleiner Sohn verletzlich, ängstlich, schutzbedürftig war, gleichzeitig aber auch dafür gesorgt hat oder dafür sorgen musste, dass niemand außer ihr und ihm das mitbekam – ein Geheimnis, auf das der Vater des Jungen unbewusst eifersüchtig war und wofür der Sohn seine Mutter später womöglich hasste –, bleibt sein verwundbares Innenleben für immer bei ihr hängen – sehr zum Unmut seiner späteren Frau(en). Falls er keine solche Mutter hatte, ist seine Sehnsucht, die er auf die Frau projiziert, umso stärker. Solange er die Hoffnung aufrechterhalten kann, bei einer Frau auf eine geschützte und ohne Bedingung geliebte Weise »zu Hause« sein zu können, holt er sich dort die Kraft, um in den männlich dominierten Außenbezirken des Lebens, in der weiten, sprich globalisierten, Wildnis voller anderer männlicher Konkurrenten zu bestehen, oder noch besser, Heldentaten zu vollbringen, zu siegen und womöglich zu einem Leader aufzusteigen. Dieses »sich messen«, vergleichen, konkurrieren, sich hervortun, sich herzeigen und, wo immer möglich, etwas Besonderes sein – wobei es oft auch schon ausreicht, zu einer besonderen Gruppe zu gehören oder einem besonderen Anführer zu folgen –, ist etwas, das Männer auszeichnet und was sie, wenigstens hin und wieder, dringend brauchen. Dann sind sie unter sich, spielen ihre riskanten und abenteuerlichen Männerspiele und können dabei gute und sogar fürsorgliche Kumpels sein, solange die Rangordnung gesichert und anerkannt ist. Wenn man sich zum Beispiel die Männerfiguren in den höheren Etagen der sich mehr und mehr globalisierenden Wirtschaft anschaut, dann stellen manche Beobachter die Frage, wie es denn sein kann, dass Leute, die schon immens viel verdienen, hohe Risiken eingehen, um noch und noch mehr beiseite zu schaffen. Oder dass Firmenmanager ohne Rücksicht auf Mitarbeiter, also Menschen, finanzielle Gewinnmaximierung betreiben. Der Begriff Global Player oder Casino-Kapitalismus bezeichnet meiner Ansicht nach viel besser, was da passiert, als moralisch gefärbte Begriffe wie Gier und Vorteilsnahme. Es ist ein Spiel, es muss riskant und abenteuerlich sein, und wenn es schiefgeht, dann hat das nicht so sehr etwas mit nicht wahrgenommener Verantwortung zu tun, sondern mit »Pech gehabt«. Wenn diese Spiele auffliegen, wenn die Spieler bei ihren Tricks erwischt werden, wenn dabei ganze Volkswirtschaften zugrunde zu gehen drohen, dann muss man nicht denken, dass sie sich schämen. Nein, es ist dann wiederum wie bei den kleinen Buben, die sich ärgern, dass sie aufgeflogen sind, sich zurückziehen und abwarten, bis der Rauch verflogen ist. Ob sie dann, wenn andere sie aus der Patsche geholt haben, nicht ebenso weitermachen, ist nicht sicher. Das zeigt aber nur, dass viele erwachsene Männer in ihrer Moralentwicklung nicht vorangekommen sind – was viele andere Männer, die Verantwortung übernehmen, Sorge tragen für andere Menschen, auch die Umwelt, in der Lage sind, Fehler zuzugeben, sich zu schämen und daraus zu lernen, mit berechtigtem Zorn erfüllt.

Nun befinden sich zwar Öko- und Muslim-Banken ebenfalls weitgehend in männlichen Händen. Sie unterliegen aber in unterschiedlicher Weise einem strengen ethischen Regelwerk – vielleicht die einzige Möglichkeit, die latente Spielsucht und fatale Risikobereitschaft mancher Männer in Schach zu halten.

Ich glaube, man macht auch einen eklatanten Kategorienfehler, wenn man in den weiträumigen und abstrakten Außenbezirken der Männer in »weiblichen« Begriffen denkt. Die Bedeutungszuschreibungen zu relevanten Dingen sind da oft ganz verschieden. Für die Frau zum Beispiel ist ein Haus eine Wohnung, ist ein Ort ein Zuhause, eine Landschaft Heimat – für viele Männer ist das auch so. Aber für sie ist ein Haus auch ein Besitz, ein Renditeobjekt. Ein Ort ist eine Möglichkeit zu Investitionen, und eine Landschaft enthält vielleicht Möglichkeiten zum Ausbeuten, wenn möglich im großen Stil. Dabei macht es ihnen nichts aus, etwas Schönes und noch Brauchbares zu zerstören, weil es viel wichtiger ist, zu konstruieren, aufzubauen, etwas Neues zu verwirklichen. Es ist ein aktiver, auf Veränderung drängender, nicht ein bewahrender Lebensstil. Insofern halte ich die kategoriale Unterscheidung von kleinen Lebensräumen und großen Spielwiesen, von privaten »Innenräumen« und globalen »Außenräumen« für nützlich und beizubehalten. Man – das heißt Mann und Frau – muss nur genau hinschauen, wo man sich gerade aufhält. In den kleineren, überschaubaren Gemeinschaften, Familien, Familienbetrieben, Gemeinden, Gesellschaften, auch kleineren kulturell verbundenen Stammes- oder Volksgemeinschaften ist es gut und passend, wenn man sagen kann: Da hat die Frau die Hosen an, das heißt, sie ist die Herrin. Sie kann das nämlich gut, sie denkt familiär und praktisch-funktional, sie kann Geld verwalten und auf Gerechtigkeit im Sinne von Gleichheit achten. Aus meiner Sicht wäre es auch gar nicht so übel, wenn die »großen« Volksgemeinschaften ebenfalls »weiblich« geführt würden – die abstrakten und die virtuellen globalen Systeme scheinen mir allerdings für Frauen nicht so attraktiv zu sein.

Junus, der Friedensnobelpreisträger, gibt seine Kleinkredite nur und ausschließlich an Frauen: Sie arbeiten mit dem Geld auf solidarische und gleichzeitig gewinnbringende Weise. Sie riskieren wenig und gehen auf Sicherheit. Sie binden ihre Männer ein, indem sie deren individuelle Fähigkeiten nutzen. Es hat sich aber in einer Zehnjahresretrospektive gezeigt, dass immer dann, wenn die großräumigen Außen(handels-)beziehungen von einem dazugehörigen Mann erledigt wurden, das ganze Unternehmen besser florierte. Wenn der Mann dagegen wegfiel, konnte die Frau oft nicht expandieren, da die zusätzliche Aufgabe, typisch männliche Fähigkeiten wie Körperkraft, Konstruktion und Wartung von Maschinen, wirtschaftliche Fernbeziehungen usw. einzusetzen, sie überforderten. Das kann man natürlich als ein kulturelles Moment in männlich dominierten Gesellschaften deuten, aber die besondere Art der Kooperation zwischen Männern und Frauen wird in diesem Kontext noch einmal sehr deutlich: Die Verfügungsgewalt über die für die Familie wichtigen Ressourcen, das Geld, die Kinder, das Haus, sind in den Händen der Frauen besser aufgehoben. Die gesellschaftlichen, kulturellen, großräumigen, riskanten, abenteuerlichen welt- und weltraumumspannenden Taten sind die Domäne der Männer – Ausnahmen bestätigen, wie immer, die Regel! Ich will in diesem Zusammenhang auch darauf hinweisen, dass Mann-Sein unter dieser Perspektive sehr viel Stress bedeuten kann, viel Einsatz erfordert und das ständige Konkurrenzgerangel auch mit Angst und Neid einhergeht – so ein Männerleben ist nicht unbedingt komfortabel!

Nehmen wir andererseits jene Männer besonders in den Blick, die in ebenfalls typisch männlicher Beharrlichkeit oder Eigenbrötelei ihren ganz eigenen Weg gehen, sozusagen in »splendid isolation«, also jene, die sich ihrer besonderen und außergewöhnlichen Fähigkeiten bewusst sind, sei es als Dichter, Denker, Musiker, Künstler, Erfinder, Entdecker, Uhrmacher, Sterngucker, Vogelbeobachter, Tierschützer, Sportler, Bergsteiger und was es unter Männern sonst noch an unzähligen hervorragenden Fähigkeiten und Tugenden gibt, die für einen Distinktionsgewinn herhalten können. Auch dann, wenn ein Mann ein hervorragender Bienenzüchter, einer mit der schönsten Spielzeugeisenbahn weit und breit oder ein unschlagbarer Skatspieler ist, reicht das für das männliche Selbstbewusstsein sehr gut aus. Auch, wenn er mit Einsatz und einem guten Status in seiner Kollegengruppe den Familienunterhalt herbeischafft – denken wir nur einmal an den berechtigten Stolz der Untertagekumpel oder an die – fast immer unberechtigte – Hoffnung der armen Goldwäscher, doch noch den Klumpen zu finden, der sie reich und angesehen macht. All diese Männer, die mit großer Beharrlichkeit, Sturheit, Zielstrebigkeit und ohne rechts und links zu schauen ihren Berufungen nachgehen, haben dennoch manchmal auch eine Familie – und wenn man sie danach fragen würde, sind sie dafür sogar dankbar, sie lieben sie, arbeiten ja auch für sie und sind froh, dass ihre Frau zu ihnen steht – was manchmal aber nur so viel heißt, dass sie (noch) nicht weggelaufen ist. Es gibt eine Biografie über den Erfinder von Autoreifen aus Kautschuk – Good Year heißt die Firma noch heute. Dieser Mann folgte seiner Obsession, dass sich Kautschuk zu Reifen verarbeiten lassen würde, so unbeirrt, dass ihm entging, wie einige seiner Kinder vor Armut buchstäblich zugrunde gingen. Seine Frau stand, zwar schwer leidend, aber dennoch immer »hinter ihm« – wir nehmen der Einfachheit halber an, dass sie ihn liebte. Später partizipierte sie an seinem Erfolg, der aber über lange Zeiten hinweg nicht vorhersagbar gewesen war. Solche Einspur-Männer, sei es, dass sie eine ganz spezielle Begabung haben oder eine besondere Motivation, findet man unter den Erfolgreichen in Wirtschaft und Forschung gar nicht selten – mit Frauen und Kindern, die von ihrem Ehemann und Vater wenig zu sehen kriegen. Simon Baron-Cohen widmet diesen Männern einen großen Teil seines Buches über das weibliche und das männliche Gehirn und erklärt uns, dass die Spielbreite solcher ausschließlich sach- und funktionsbezogenen Eigenbrötler bis hin zu den Aspergern und im Extrem zu den Autisten reicht. Sie sind so veranlagt, sie folgen ihrer Veranlagung und verstehen sie als ihre Bestimmung. Kultur und Wissenschaft haben große, ja exorbitante Leistungen als Gewinn daraus zu verzeichnen. Und deren Frauen? Sie wissen, was sie sich einhandeln, und es kann von ihnen erwartet werden, dass sie sich entsprechend verhalten! Sie wissen nämlich, dass diese Männer – es sind nicht viele Frauen unter ihnen – sehr zufrieden und friedlich sind, wenn sie sich ihrer Leidenschaft, die aus ihrer Spezialbegabung erwächst, widmen können, dass sie aber nur die allernotwendigsten zwischenmenschlichen Regeln lernen und beachten können und man von ihnen kein »normales« soziales Verhalten erwarten darf. Wenn die Frau klug ist und diesen Mann schätzt oder gar liebt, wird sie sich hüten, von ihm zu verlangen, was solch ein Mann nicht ist und nicht kann: gesellig sein, ausgehen, sich kümmern, reden und so weiter.

Langfristig, und besonders dann, wenn Kinder da sind, ist es nicht so einfach, beharrlich und liebevoll darauf zu schauen, wer oder was ihr Mann ist – sich darüber zu freuen, wieder wegzuschauen und das eigene Leben als Frau vergnügt zu leben.

Aufgaben – und was ist, wenn sie fehlen?

Beharrlichkeit und die Fähigkeit zur Konzentration auf eine einzige Sache – vielleicht sogar ein ganzes Leben lang – dürfen wir als eine der männlichen Kernkompetenzen betrachten.

Was aber macht ein Mann, wenn er keine besondere Begabung, keine »Taten« und nicht einmal eine akzeptable Leistung zu präsentieren hat? Wenn die Entmutigung, die schon in der Schule begonnen hat, weitergeht und keine Aussicht auf Anerkennung und Berühmtheit in Sicht kommt? Die unterste »Schicht«, der Bodensatz der früh gedemütigten Looser, birgt das gefährliche Potenzial der Gesellschaft. Mann und Sohn einer meiner Patientinnen, einer echten russischen Mama, die zu Hause hocken und Wodka trinken und geduldig oder brummig abwarten, bis sie mit den Einkäufen von der Arbeit zurück ist, das Essen auf den Tisch gestellt hat, und zwar pünktlich vor der Sportschau, sind da eher noch ein kleineres Übel.

Viele andere Männer, besonders junge, die keine eigene Aufgabe haben, nichts, was sie begeistert und erfüllt, geraten leicht in das Fahrwasser, ihre äußere Identität den allgemeinen Forderungen nach »Männlichkeit« anzupassen, was heißt, sich einen Panzer zulegen, angeben und großtun, dumme Sprüche reißen und, wenn es sein muss, siegen, zerstören, töten, andere und auch sich selbst.

Zurzeit heißt das Zerstören Terrorismus und das gleichzeitige Töten und Selbsttöten Selbstmordattentat oder Amoklauf. Den Älteren unter uns, mir zum Beispiel, fällt auf, dass noch vor etwa 15 Jahren derartige Taten starkes emotionales Entsetzen hervorriefen, und, es waren singuläre Ereignisse. Es gab damals auch einmal Männer oder vereinzelte Frauen, die sich mit Benzin übergossen und sich anzündeten – sie versuchten damit auf Unrecht oder sonstige unhaltbare Zustände aufmerksam zu machen, und das gelang ihnen. In muslimischen Kulturen, in denen wir zurzeit den Terrorismus angesiedelt »wissen«, geschieht das nun tagtäglich, und es sind vor allem Männer, meist junge, die sich selbst und andere gezielt oder ungezielt in die Luft sprengen, und wir müssen uns fragen, wie es kommt, dass ihnen ihr eigenes Leben so wenig wert ist. Auch in den westlichen Gesellschaften sind es meist männliche Jugendliche, die sich selbst töten, nachdem sie andere, fast immer aus ihrem eigenen Umfeld stammende Menschen ermordet haben. Das hat in dieser Form eine neue Qualität. Denn das Morden aus Hass, Rache, im Siegesrausch oder als Genozid – gerechtfertigt als »Säuberung« zugunsten der eigenen »wertvollen« Gruppe und des eigenen Lebensraumes – gab es schon immer. Und das heldenhafte Töten des »Feindes« finden wir nicht nur in den Geschichtsbüchern, in den Heldensagen fast aller Völker, allemal solcher, die von Männern beherrscht werden, auch all überall im Fernsehen, Film und Internet, auch in Serien für kleine Kinder – weshalb manche Leute sofort wissen, was für konkrete Gewaltexzesse verantwortlich ist. Ich selbst glaube daran nicht. Ich denke, der Wunsch, das Gute oder die Guten siegen und die Bösen oder das Böse vernichtet zu sehen, ist eine menschliche Gefühls-Konstante, die auf längere Sicht nicht ausrottbar (schon wieder eine Tötungsmetapher!) sein wird – da können wir den Buddhismus rühmen, so viel wir wollen. Das konkrete Problem dabei ist schlichtweg die jeweilige Sicht und Definition dessen, was als gut bzw. böse betrachtet wird.

Ich hatte da mit meinem ersten Enkelsohn ein einschneidendes Erlebnis vor dem Fernseher. Wir sahen uns den Zeichentrickfilm »Die Schöne und das Biest« an, in dem zum Schluss der Rivale des guten Tieres, ein ziemlich unsympathischer Lackaffe, der nichts weiter getan hatte, als um die Schöne zu werben, in eine so tiefe Schlucht stürzte, wie sie nur in einem Trickfilm tief sein kann. Mein damals vierjähriger Enkel bemerkte, wie ich erschrak, legte mir seine Hand auf den Arm und sagte beruhigend und auch ein bisschen belehrend: »Das ist schon richtig – das ist der Böse!«

Wir, jedenfalls, sind die Guten. Dass wir mit unserer westlichen, aufgeklärten, demokratischen, freiheitlichen, libertinären, laizistischen, ... Gesellschaftsordnung aus der

Sicht anderer die leibhaftig Bösen sein könnten, ist uns ein absurder Gedanke – an den wir uns allerdings schleunigst gewöhnen sollten.

Insofern handeln alle, auch und vor allem dann, wenn sie töten, im guten Glauben und zum Nutzen der guten Sache. Das ist hier weniger sarkastisch gemeint, als es zunächst erscheinen mag. Es lohnt sich, die Gräuel, Morde und Torturen, die Menschen anderen Menschen oder sagen wir gleich anderen Lebewesen zufügen, einmal unter dieser Perspektive anzuschauen. Viele, ja fast alle, werden verstehbar – nicht verständlich! –, wenn wir uns fragen, welcher übergeordnete Wert, welche höherwertige »Verpflichtung« dahintersteht. Sie machen es ja nicht gern, aber: Was sein muss, muss sein! Ich erinnere hier nur an das zu Recht berühmte Milgram-Experiment, in dem emotional unbeteiligte, gebildete Menschen – in den meisten psychologischen Experimenten sind es Studenten – anderen Lebewesen – im Experiment nennt man sie Versuchspersonen bzw. Versuchstiere – schmerzhafte Stromstöße verabreichten, nur, weil ihnen von Autoritäten – im Experiment nennt man sie Wissenschaftler – gesagt wurde, das sei für den Fortschritt der Wissenschaften nötig. Eine »Notwendigkeit« ist rational immer begründbar – wofür solch eine Notwendigkeit auch immer stehen mag. Wer darüber etwas erfahren will, lese das Buch: Täter. Wie aus ganz normalen Menschen Massenmörder werden (Welzer 2005). Wenn man nun noch die von Baron-Cohen beschriebene Systematisierungsfähigkeit der Männer hinzufügt, so wird einsichtig, dass sie – neben allen erfreulichen Errungenschaften, die daraus resultieren mögen – auch ganz systematisch töten, ausrotten, vernichten, wenn es sich, ideologisch begründet, um Feinde handelt. So wird berichtet, dass beispielsweise in Ruanda die

Hutu – nicht alle Hutu! – des Morgens, so als gingen sie zur Arbeit, losgingen, um Tootsi zu ermorden, immer genau einen Arbeitstag lang, und dann nach Hause zu Frau und Kindern. Vielleicht machten sie diese Arbeit nicht gerade gern, aber wie gesagt: Was sein muss, muss sein, und eine Arbeit zu haben ist besser als keine.

Angesichts wiederkehrender Massenmorde und anderer Mördereien fragen wir uns natürlich, wie und wodurch es viele, viele Männer schaffen, nicht zu morden, nicht zu foltern, nicht zu schlagen und keine Gewalt anzuwenden. Sogar noch weiter gehend: Es kommt für sie überhaupt nicht infrage. An dieser Stelle liegt der Hund begraben. Wenn es überhaupt nicht infrage kommt, Gewalt anzuwenden, gilt und fühlt sich ein Mann nicht als Mann. Denn verteidigen muss er im Notfall: seine Familie, sein Land, seinen Besitz – auch seine Ehre? Um einen derartigen Konflikt entscheiden zu können, manchmal blitzschnell, muss es im Menschen, auch im Mann, eine Instanz geben, die sagt: »Das geht doch nicht, das ist unanständig, so was tu ich nicht, oder aber: da muss man eingreifen, und zwar sofort!« Und diese Instanz entscheidet spontan, ohne rationale Überlegung, ohne Nützlichkeitserwägung, ohne Folgenabschätzung und aus dem Bauch bzw. aus dem Herzen heraus. Dann nennt man das Zivilcourage, bekommt dafür einen Orden oder verliert im schlimmsten Fall sein Leben. Wie ein Mann so etwas lernt? Durch mindestens ein solches Erlebnis, wenn er es beobachtet und den Stolz gespürt hat, der ihn ergreift angesichts der couragierten Tat eines anderen Mannes. Oder, wenn er den Stolz einer Frau, vielleicht seiner Mutter miterlebt hat, wenn sie dafür ihren Mann bewundert. Einen Mann, der riskiert hat, eins auf die Mütze zu kriegen oder, noch schlimmer, sich lächerlich zu machen.

Da aber auch der Satz gilt: »Wer sich in Gefahr begibt, kommt darin um« – und weil genau diese »Weisheit« dazu führen könnte, dass alle nur noch wegschauen, schlage ich vor, die Zivilcourage mit einer Finte, die Überlegenheit signalisiert, zu kombinieren: »Wenn jemand ein Gewehr auf dich richtet, lächle ihn an!« Diesen Satz gab Tiziano Terzani (2007, S. 376) seinem Sohn Folco als praktische Lehre aus einem an außergewöhnlichen und oft gefährlichen Abenteuern reichen Leben mit auf den Weg. Ähnliches ist zum Beispiel auch bei der Erziehung von Lerchen ein wichtiges Prinzip: »Wenn der Falke sich auf dich stürzt, dann flieh schnell – und singe dabei!« Der Räuber, Mörder, Scherge stutzt: Da stimmt doch was nicht! Hat der keine Angst? Habe ich mich geirrt? Diese kleine Unsicherheit, diese kurze Zeitverzögerung reicht der Lerche zu entkommen, dem Menschen, etwas Beruhigendes oder Freundliches zu sagen, zum Beispiel: »Ich bin nicht der, den Sie suchen« oder, »Kann ich etwas für Sie tun?« Terzani sagte in Kambodscha zu einem mordbereiten Roten Khmer, indem er lächelte: »Ich bin Italiener!« – das genügte.

Das mit dem Lächeln haben ganze Generationen von Frauen nicht richtig kapiert: Sie lächeln als Geste der Unterwerfung und Hilflosigkeit, was sehr oft das Gegenteil dessen provoziert, was sie unbewusst beabsichtigen – sie verwechseln mal wieder Männer mit Frauen.

Das Lächeln des Tiziano Terzani und das Singen der Lerche sind ein Ausdruck von Überlegenheit – ob sie echt ist oder vorgespiegelt, braucht der Angreifer nicht zu merken. Wer gern noch einen Zahn zulegen will, bedient sich des Handicap-Prinzips (mehr darüber bei Uhl & Voland 2002). Das funktioniert so: Wenn jemand seine Überlegenheit auf eine Weise zeigt, die ihn eigentlich behindert, d. h. handicapt, dann ist sie, die Überlegenheit, so groß, dass es gefährlich oder ein Fehler wäre, ihn zu attackieren. Die Schleppe an den Gewändern der englischen Königin, die sie bei Gefahr am Wegrennen hindern würde, ist ein Zeichen dafür, dass sie es niemals nötig haben wird, wegzurennen! Der Fischer, der stundenlang aufrecht und regungslos die Wasseroberfläche beobachtet, um dann mit seinem Speer blitzschnell einen Fisch zu töten, bietet uns nur deshalb diesen schönen Anblick, weil er es sich leisten kann, nur selten einen Fisch zu erstechen. Weil er nämlich gleich nebenan eine Frau hat, die sich bückt und Muscheln sammelt, damit die Familie ausreichend zu essen hat. Der Cabrio-Fahrer hat meist eine Frau mit einem Auto für schlechtes Wetter.

Ich finde, auch ein Porsche ist ein Handicap: laut, unbequem. teuer, unpraktisch für Gepäck und dennoch … Einem Mann vermittelt der Porsche oder die Harley ein Gefühl der Potenz, der Freiheit und der Überlegenheit. Auch über die armen Fahrradfahrer, die jedoch ihrerseits Überlegenheitsgefühle unter anderen Vorzeichen – eben der höherrangigen ökologischen Werte – haben. Die sichtbare Überlegenheit, ob echt oder nur in den Augen des Betrachters, ist ein angenehmer Zugang zu Anerkennung und Bewunderung und ein effektiver Schutz vor Angriffen, übrigens auch vor Mobbing.

Die Begeisterung, die das Gefühl der Überlegenheit unter Männern auslöst, die sie dazu animiert, zu (wett)kämpfen, zu gewinnen und dafür sogar in den Krieg zu ziehen, müssen wir wohl als eine männliche Invariante ansehen, auch wenn wir es gern sähen, dass sich eine egalitäre und pazifistische Einstellung über den Erdball ausbreiten möge. Was wir uns fragen müssen, ist, wie wir die Exzesse vermeiden und das positive Potenzial, das in der Machtentfaltung steckt, nutzen können. Denn Macht, Kampf, Überlegenheit etc. sind an sich nicht gefährlich – viel gefährlicher ist ihr Gegenteil: Ohnmacht, Hilflosigkeit, Angst, Passivität und Mitläufertum. Hingegen die Begeisterung, die Ekstase, die bei Männern oft mit Gefahr, Ruhm, Tod und letztlich auch mit der Liebe verbunden ist, wonach sie suchen jenseits des praktischen Lebens und aller Vernunft – das ist es, was auch Frauen an Männern lieben. Wie meine damals schon alte Mutter nach dem Film Fizcarraldo voll Bewunderung ausrief: »Das ist es, worauf ein Mann stolz sein kann!« Was? Einen Traum haben, ihn (gegen jegliche Vernunft) verwirklichen und am Ende grandios scheitern! Ein ironisches Aperçu: Es war die Frau, die ihr ganzes Vermögen investiert hatte – nicht so sehr in das Vorhaben als in den Mann.

Ich komme noch einmal zurück auf die anfangs genannte außergewöhnliche Zunahme von Selbstmordattentätern und Amokläufern. Auch sie gelten als couragierte Helden und fühlen sich überlegen, ja auserwählt. Sie erhalten Belohnung, werden gesehen, beachtet, bewundert von ihresgleichen. Und manche von ihnen kommen sogleich ins Paradies.

Das ist es, was sie brauchen, auch um den Preis der Selbstzerstörung. Meine Idee dazu wäre, die Belohnung nicht so hoch zu hängen bzw. sie sozialverträglich zugänglich zu machen. Also: Wie erhält der Mann die Anerkennung, die er so dringend braucht? Und wofür erhält er sie? Das ist eine Frage, die sehr früh in der Erziehung kleiner Jungen beantwortet werden muss. Ich gebe aber zu bedenken, dass schon die kleinen, spätestens aber die pubertierenden und heranwachsenden Jungen einen guten Instinkt dafür haben, wer befugt ist, sie zu loben, zu tadeln, zu strafen: nur solche Menschen, die sie als Respektspersonen akzeptieren. Bei erwachsenen Männern ist das nicht anders. Besonders die Frauen in ihrer Rolle als Mutter, Erzieherin oder Chefin haben da noch mal eine gute Möglichkeit, auch für ihre eigene Entwicklung als »Herrin« (siehe hierzu Seemann 2008).

Männer benötigen Anleitung, wie sie die Anerkennung, die sie brauchen, auf eine nicht nur für sie selbst, sondern auch für andere – zum Beispiel Frauen – erfreuliche Art und Weise erringen können. Wenn wir das bisher Gesagte überblicken, dann wäre ein guter Tipp für die Erziehung von kleinen und großen Männern, sie möglichst niemals zu kritisieren – das beschämt sie und macht sie bockig –, sondern ihnen liebenswürdig zu sagen, was und wie sie etwas tun sollen und wo es gerade langgeht, sie dabei zu unterstützen, dass sie es hinkriegen und sie dafür zu bewundern. Ihnen zu zeigen, dass sie Fehler machen dürfen, ohne Respekt zu verlieren – sonst lügen, verheimlichen und verstummen sie. Dass sie ruhig Angst haben und Niederlagen einstecken können, weil sie daraus den Mut schöpfen werden, den sie brauchen, und darauf kommt es an. Dass es auch für Jungen und Männer Gelegenheiten gibt und geben muss, wo sie leiden und traurig sein dürfen, damit sie nicht wütend oder feige davonrennen, oder überhaupt das Leiden und die Trauer an die Frauen delegieren.

Ich finde, ein Junge braucht einen Hund – oder sonst ein Haustier – nicht nur, damit er einen Freund hat, sondern vor allem, damit er frühzeitig zu spüren bekommt, wie es sich anfühlt, wenn ein geliebtes Wesen leidet und stirbt – und dass er dabeibleiben und es aushalten kann. Deshalb plädiere ich auch sehr dafür, dass für Männer in ihren jungen Jahren eine gewisse Zeit der Fürsorge für ein leidendes oder sterbendes Lebewesen in ihre Lebenslinie obligatorisch eingebaut werden sollte. Ich glaube nämlich auch, dass manche Grausamkeit, die kleine Jungen an wehrlosen Tieren oder wehrlosen kleinen Mädchen oder große Männer an wehrlosen Frauen verüben, eine Art Übersprunghandlung darstellt. Sie wollen andere leiden sehen, um in diesem Spiegelbild ihre eigene Abgespaltenheit von ihren weichen Gefühlen endlich einmal zu überwinden. Es entscheidet sich für einen Mann oft in einem kurzen Augenblick, ob eine eigene oder miterlebte aggressive Handlung zu einem gemeinen Triumph ausartet oder ein Gefühl von Scham oder beschützender Verantwortung auslöst. Um Schutz und Verantwortung für Schwächere übernehmen zu können, braucht es ein gutes und starkes Selbstgefühl, das von Anfang an kontinuierlich gestärkt werden muss.

»Schatz, wir müssen reden ...«

Nun zum Schluss dieses Kapitels noch etwas Typisches und gleichzeitig sehr Beklagenswertes, was Männer gar nicht können und was man deshalb von ihnen auch nicht verlangen darf: reden. Können sie natürlich schon, aber nicht in der Art, wie Frauen das Miteinander-Reden verstehen und mögen. Wenn Männer mit Kollegen oder mit ihren Freunden zusammen sind, dann reden sie natürlich auch, aber nicht so gern über sich und ihre Beziehung, während die Frauen das gern und ausgiebig tun und meinen, das müsste so sein, und wenn die Männer das endlich auch mal lernen würden, wäre beziehungsmäßig alles viel einfacher – was ich bezweifle. Was Männer sagen würden, wenn sie reden könnten, und »was sie fühlen, ohne es zu sagen«, lesen wir in einem sehr profunden und gleichwohl unterhaltsamen Buch, das bezeichnenderweise von einem Psychotherapeuten geschrieben wurde (Alon Gratch 2004). Ihm gegenüber haben sie offenbar geredet, sonst könnte er es uns ja nicht weitersagen – vielleicht hat er seine männlichen Patienten aber auch »einfach so« verstanden, etwas, das sich jeder Mann von seiner Frau wünscht. So ein Psychotherapeut hat allerdings gelernt zu verstehen, woran ein Mann leidet – er braucht dafür aber auch viele Stunden, was ihm wegen des Honorars nur recht sein kann, und schon deshalb wäre das für die jeweilige Ehefrau kein Rezept, zumal in der eigenen Familie therapeutische Strategien nicht erlaubt sind. Also schauen wir auch nicht hin, wie es in den familiären Beziehungen von Psychotherapeuten zugeht.

Während Frauen sprechen, wenn sie leiden, am besten mit einer anderen Frau – weil der Mann sich sonst gleich angeklagt fühlt und sich fragt, was habe ich denn nun schon wieder falsch gemacht?, und er es deshalb missbilligt und so sehr fürchtet, wenn die Frau ihrer Freundin etwas Privates erzählt –, drücken Männer ihr psychisches Leid anders aus. Wie sie auch ihre Zuneigung und Liebe am liebsten durch Heldentaten oder auch einfache Hilfsdienste zeigen, so äußert sich andererseits ihr emotionales Leid häufig durch (selbst)schädigendes Verhalten oder als körperliche oder psychosomatische Krankheit. Das sind dann die Symptome, wegen derer ein Mann zum Arzt oder zum Psychotherapeuten geht, der – was früher die Mama so gut konnte – die Aufgabe hat, »dahinter«zuschauen. Was sieht er? Immer wieder, in Variationen, das gleiche Elend: die Angst, die Scham, die Hilflosigkeit und den Versuch, gut dazustehen. Vor wem auch immer. Vor denen, die die Macht und die Befugnis haben, zu beurteilen, zu loben, zu tadeln, Anerkennung oder Strafen zu vergeben – Mütter und Ehefrauen inklusive.

Da muss man sich nicht wundern, wenn sie lieber nicht sprechen. Dafür müssten sie ein anderes Selbstwertgefühl entwickeln. Es gibt durchaus Männer, die so etwas haben, die es sich leisten können, über ihre Schwäche, ihre Angst, ihre Niederlagen zu sprechen, und doch weiterhin das Gefühl haben, ein richtiger Mann zu sein. Bei den anderen, die wir oft auch für feige halten, ist es nicht damit getan zu fordern, sie müssten eben lernen zu reden.

Wenn man von einem Krokodil verlangen wollte, es sollte Flöte spielen lernen, würde es vermutlich sagen: Was hab ich davon und ich mache mich doch nicht lächerlich! – obwohl ich sicher bin, dass einige Krokodile flöten können, sie geben es nur nicht zu und machen es heimlich, vermutlich bei der Balz. Über der Anklage wegen eines eklatanten Defizits vergisst man leicht, was für ein schönes und imposantes Tier so ein Krokodil doch ist, was für eine große Klappe es hat, wie reaktionsschnell es seine Beute erwischt und wie friedlich und entspannt es in seinem Wasserloch liegt, während es sie verdaut. Ich kenne einen Großvater, der sich täglich und sonntäglich nach dem Mittagessen drei Schritte beiseite bewegt, sich in seinen Lehnstuhl setzt und einschläft, ein wenig schnarcht, während sein kleiner Enkel auf ihm herumturnt und an seinen Haaren zieht, was er nicht zu bemerken vorgibt, und ein Bild der Muße und Zufriedenheit abgibt, an das sich alle, Groß und Klein, erinnern werden, wenn er einmal nicht mehr da ist: Genau das wird fehlen in dieser Wohnküche, wo die Jungen mittlerweile abspülen und natürlich auch sagen könnten: Kann der nicht auch mal helfen? Sagen sie aber nicht. Dieser Mann, wie gesagt ein Großvater und aus einer früheren Generation stammend, hat immer sehr wenig gesprochen, das hat er den Frauen überlassen. Und seine Frau saß viel mit anderen Frauen zusammen, und wenn sie wieder heimkam, hatte sie genug geredet, und er sagte ihr dann vielleicht in einem Halbsatz, dass er das Kaninchen schon abgezogen hatte, was heißt: geschlachtet, abgezogen, ausgenommen, zerteilt, kann in die Pfanne und abends auf den Tisch. Explizit: Heute möchte ich Kaninchenbraten essen!

Letzthin traf ich einen Workshopleiter, der gerade ein Seminar über partnerschaftliche Kommunikation gab. Ich wollte gern wissen, was für ein Konzept er vertrat – da erzählte er mir eine Anekdote aus seinem elterlichen Bauernhof: »Wenn mein Vater seinen Kopf auf eine bestimmte Art schief hielt, in seine Suppe brummte und ein wenig seufzte, wusste meine Mutter, dass mit der Kuh Paula etwas nicht in Ordnung war, und fragte: »Sollen wir den Tierarzt anrufen?« Ich sagte zu ihm: »Ist das die Art Kommunikation, die Männer schätzen, und wollen Sie etwa etwas Derartiges wieder einführen?« Er sagte allen Ernstes: »Ja, darüber gebe ich gerade ein Seminar für Paare, aber ich vertrete das auch in Unternehmen: Hinschauen und dekodieren, wie ein individueller Mensch etwas ausdrückt, ohne es explizit zu sagen. Das nennt man nonverbale Kommunikation, verehrte Kollegin, schon mal was davon gehört? Und ich bin teuer – für Pantomimen geben sie doch heute auch viel Geld aus.« Ich sagte: »Und gilt das Gleiche auch umgekehrt?« Er sah mich an, als wäre ich total blöd: »Natürlich nicht! Ein Mann sagt zu einer Frau zu Recht: wenn du was willst, dann sag es! Weil sie das nämlich kann! Umgekehrt gilt nicht: weil er das nämlich nicht kann! Er kann andere Sachen. So ist das! Asymmetrisch, nicht gleich!«

9. Über die Liebe, oder: Sind Sie mit einer funktionierenden Beziehung zufrieden?

Ist das eine Suggestivfrage? Sollten Sie vielleicht nicht zufrieden sein, wenn Ihre Beziehung – gemeint ist Ihre Paarbeziehung – gut funktioniert? Entsteht daraus womöglich sogar Liebe? Oder ist die Liebe eine Voraussetzung dafür, dass es funktioniert, reibungslos, leicht, zufriedenstellend, was heißt, dass alle Beteiligten auf ihre Kosten kommen? Aber gibt es nicht Paare, die sich lieben und doch nicht miteinander das Tägliche teilen können? Und solche, bei denen das Tägliche, sogar der Urlaub, nur so flutscht und die doch diesen gewissen unzufriedenen Zug um die Mundwinkel haben (meist die Frau) oder hin und wieder oder auch ziemlich oft aus geringsten Gründen ausrasten oder abhauen (meist der Mann, die Frau ist vorwurfsvoll, nörgelt oder schreit auch mal).

Ich glaube, hier werden zwei Seinsebenen miteinander vermischt, die zwar etwas miteinander zu tun haben, aber doch tunlichst auseinandersortiert werden sollten. Wenn ich um eine Paarberatung gebeten werde, was an sich nicht mein Metier ist, wende ich fast immer einen kleinen Trick an, um diese beiden Ebenen zu »explorieren«. Während die beiden Betroffenen darüber klagen, was in ihrer Beziehung alles nicht funktioniert – meistens klagt die Frau, der Mann verteidigt sich oder erduldet die Therapiestunde und wartet ab, bis er wieder gehen darf –, überrasche ich sie hinterrücks mit einer Frage, die ich gezielt besonders dann platziere, wenn »es« gerade ganz furchtbar ist. Ich frage den, der gerade nicht spricht: »Sagen Sie, was haben Sie denn eigentlich an Ihrer Frau gefunden, als Sie sich in sie verliebt haben?« Dabei schaue ich ihm auf die Augen. Wenn ich nämlich bei ihm *und* ihr (die danach ebenfalls gefragt wird) diesen besonderen Glanz in den Augen sehe, der sofort entsteht, wenn sie sich erinnern können, dann weiß ich, dass das schöne Bild des anderen noch da ist und dass es sich lohnen könnte, die Beziehung zu erhalten. Wenn jedoch einer von den beiden den Kopf weg dreht, aus dem Fenster schaut und sagt: »Das frag ich mich auch«, dann kommt mir diese Hoffnung abhanden.

Letzthin kam ein ziemlich verzweifelter junger Mann zur Beratung, der den Eindruck hatte, er sei mit seiner Frau ziemlich am Ende: Er fand sie extrem anspruchsvoll, anstrengend, seinen Job ebenfalls, er komme kaum einmal zum Luft holen, seine Freunde sehe er nicht mehr, Musik mache er nur noch ganz selten usw. Ich stellte ihm die gewisse Frage. Darauf er: »Kann das sein? Diese Frau nackt auf dem Bootssteg im Mondlicht. Kann das sein, dass dieses Bild die Liebe ist und dass es immer noch trägt? Ich liebe sie wirklich!« Offensichtlich. Mehr gibt es nicht, zumindest im Moment. Da heißt es, auf die Ebene der Paarbeziehung gehen und sehen, wie die eigenen Bedürfnisse zu ihrem Recht kommen – auf der Basis der alten und noch vorhandenen Liebe.

Merksatz: Männer sind Romantiker und Illusionisten, wenn es um Liebe geht. Solange das Anfangsbild trägt, ist es gut. Wenn es nicht mehr trägt, ist vielleicht ein neues entstanden. Oder auch nicht. Dann kippt das schöne Bild sehr schnell in die Bedeutungslosigkeit, sogar Hässlichkeit um, und vorbei ist es mit der Liebe oder auch nicht. Hier soll der große William Shakespeare zu Wort kommen mit einem Sonett, das von Erich Wolfgang Korngold als Lied vertont wurde:

My Mistress' Eyes
My mistress' eyes are nothing like the sun:
Coral is far more red than her lips' red;
If snow be white, why then her breasts are dun;
If hairs be wires, black wires grow on her head.
I have seen roses damasked, red and white,
But no such roses see I in her cheeks;
And in some perfumes is there more delight
Than in the breath that from my mistress reeks.
I love to hear her speak, yet well I know
That music hath a far more pleasing sound;
I grant I never saw a goddess go;
My mistress, when she walks, treads on the ground.
And yet, by heaven, I think my love as rare,
As any she belied with false compare.

Die Augen meiner Frau
Nicht sonnig sind die Augen meiner Frau,
Korallenrot strahlt nicht ihr Lippenpaar;
Wenn Schnee weiß ist, sind ihre Brüste grau;
Ihr Kopf zeigt schwarze Drähte und kein Haar.
Ich sah einst Rosen, weiß-rot damasziert,
Davon seh ich in ihren Wangen nichts;
Und mancher Mund ist besser parfümiert,
Als das, wonach's aus ihrem Munde riecht.
Ich hör sie gerne reden, doch ich weiß,
Dass weitaus wohliger Musik erklingt.
Sah keine Göttin schreiten, doch zumeist

Wird das Trappeln meiner Dame lauter klingen.
Und dennoch lieb ich sie so einzig reich,
Wie einer, der sie, falsch vergleichend, täuscht.

Wir nehmen einmal an, dass Shakespeare da schon eine ganze Weile verheiratet war und dieses »und dennoch lieb ich sie so einzig reich …« einem anderen seelischen Hintergrund entstammt als bei Frischverliebten. Nehmen wir außerdem an, dass auch in dieser »reichen Liebe« das Anfangsbild, als nämlich die Liebe diesen Mann berührte, noch da ist und fortwirkt und die Zuneigung und Verbundenheit am Leben erhält, unberührt von der Hässlichkeit der konkreten Realität, die er durchaus zu sehen und zu beschreiben weiß. Das Bild des Anfangs jedoch ist ein intimes und gänzlich privates, also inneres Geheimnis, das eigentlich nicht vor anderen enthüllt werden darf – auch nicht vor dem Paartherapeuten. Deshalb kann man es nur als Abglanz in den Augen sehen – die Geschichte selbst gehört den Liebenden oder vielleicht auch nur einem von beiden.

Vor einiger Zeit erschien ein Buch aus der Psychotherapeutenszene mit dem Titel: »Wenn die Liebe schwindet. Möglichkeiten und Grenzen der Paartherapie«. Das Buch war anlässlich eines Kongresses aus einer ganz neuen und erstaunlichen Einsicht systemischer Paartherapeuten entstanden, dass in ihren Therapien so gut wie nie das Wort *Liebe* vorkam. Das könnte darauf hindeuten, dass die systemische Sichtweise aus der Verhaltenstherapie entstanden sei, wo es natürlich ganz schwierig ist mit der Liebe, ich meine mit dem Begriff *Liebe*, der ja (nur) ein Konstrukt und nicht leicht zu operationalisieren ist. Ohne Operationalisierung ist Forschung nicht möglich, und ohne Forschung ist ein Therapieverfahren nicht wissenschaftlich. Was erklärt, warum sich die wissenschaftliche Psychologie mit den eigentlich wichtigen Fragen, die in der Psychotherapie relevant sind – dazu gehören auch einige existenzielle Seinsweisen und Gefühle –, gar nicht beschäftigen konnte.

Wenn man Liebe ordentlich analysiert, mit allen körperlichen und psychischen Bedingungen und Konsequenzen, dann kommt womöglich so etwas dabei heraus, was von Verres (1994) ironisierend beschrieben wird als ein »meist akut, manchmal auch chronisch auftretendes, fakultativ ansteckendes polymorphes psychovegetatives Syndrom, das mit Tachykardie, Diarrhoe, intermittierenden Schweißausbrüchen, Mydriasis der Pupillen, gesteigerter Erregbarkeit der Meißner'schen Tastrezeptoren der Epidermis, wechselnd stark erhöhtem Blutdruck bei gelegentlichem, anfallsweise auftretendem, anankastisch-haltschwachem Drang zu kurzfristiger Bettlägrigkeit, ferner mit Gedankenflüchtigkeit, aber auch starken Fixationen in den Vorstellungsinhalten, Konzentrationsschwäche sowie partiellen Depersonalisationserscheinungen einhergeht ...«. Da scheint es, dass nicht das Fehlen von Liebe, sondern eher ihr wider alle Vernunft fortdauerndes Vorhandensein, insbesondere im Zustand des akuten Verliebtseins, eine schwere psychophysiologische Störung darstellt.

Während diese Beschreibung wie die kabarettistische Verunglimpfung eines großen Gefühls anmutet, finden wir bei Bartels & Zeki (2002) neuere Forschungsergebnisse, die zeigen, dass sich die Gehirne von Verliebten unter dem Kernspintomografen genauso verhalten wie das Gehirn von Leuten, die Kokain eingenommen haben. Kokain wäre demnach offenbar ein gutes Substitut, wenn sich gerade keine Gelegenheit zum Verlieben anbietet und vice versa. Was sieht man da im Kernspin? Hirnareale, die bei schlechter

Stimmung, Aggression und Angst aktiv sind, werden bei Verliebten quasi ausgeschaltet. Wie Retzer (2005), der diese Befunde referiert, anmerkt, ist »die akute Liebe ... nicht nur ein Antidepressivum, sie macht uns nicht nur glücklich, sondern auch mutig und sanft«. (S. 63) Man könnte auch sagen: Verliebte brauchen kein Kokain – ein schöner Gedanke im Hinblick auf die Drogentherapie.

All das trifft natürlich nicht die wunderbare Gestimmtheit, nicht die individuelle Bedeutung und auch nicht die Energie und Vitalität, die von der Liebe ausgeht. Auch nicht den Kummer, ja, die Verzweiflung, wenn sie fehlt oder enttäuscht wird. Und gerade dies lässt sich weder psychophysiologisch noch hirnfunktionalistisch noch verhaltensanalytisch an den Tag bringen.

Zurück zu den systemischen Paartherapeuten, von denen die meisten gar nicht von der Verhaltenstherapie, sondern von der Tiefenpsychologie herkommen. Deshalb luden sie zu ihrem Kongress auch einige Tiefenpsychologen ein, die darauf zunächst teils befremdet reagierten, denn über funktionierende Paarbeziehungen wollten sie nicht reden, und ob das Reden über die Liebe erwünscht sei, war ihnen zunächst unklar. Daraus ist am Ende ein spannendes und lesenswertes Buch über die Liebe geworden (Willi & Limacher 2005). Sein Titel »Wenn die Liebe schwindet« ist insofern unglücklich gewählt, als er zwar einerseits davon ausgeht, dass der tiefere Grund für Paarprobleme und der Anlass für eine Paartherapie das Dahinschwinden der Liebe sei – was die systemischen Therapeuten, die sich ja vor allem darum kümmern, dass Paar- und Familiensysteme gut funktionieren, eigentlich nicht zu interessieren braucht. Andererseits gibt es auch bei noch, oder nicht mehr, oder wieder vorhandener Liebe noch jede Menge anderer Probleme in Familien, derentwegen man sich beraten lassen kann, und dann braucht man über das Schwinden der Liebe nicht zu verhandeln. Aus meiner Sicht kann man über Liebe in der Therapie nicht reden, weil sie sich, wie jedes andere Geheimnis, sofort entzieht, wenn man sie auf den Begriff bringen will, weil aber doch ein jeder und eine jede weiß, ob er oder sie jemanden oder etwas liebt oder nicht (mehr) liebt.

Immerhin antworteten in einer Studie über »Beziehungsbiografien im sozialen Wandel« (Schmidt 2004) 45 % der befragten Männer und Frauen auf die Frage, was ihre Beziehung zusammenhalte, mit *Liebe.* Wobei *Intimität,* das heißt Nähe, Geborgenheit, Vertrauen, Bindung, Sich-Öffnen etc. und *Lebendigkeit,* das heißt Austausch, gemeinsame Aktivitäten und Interessen, Sexualität und erotische Anziehung einen ähnlich hohen Stellenwert haben. Schaut man sich das Lebensalter bzw. die Dauer der Beziehung genauer an, so sind für 63 % der jungen Paare um die 30 *Liebe* und *Lebendigkeit* in der Beziehung am wichtigsten, während bei den alten Paaren, die schon länger als 30 Jahre zusammenleben, *Liebe* und *Intimität,* aber auch die *gemeinsame Geschichte* und die *Familie* einen hohen Stellenwert haben.

Worum es in diesem Kapitel gehen soll, ist die Liebe zu und von Männern. Weshalb nun auch endlich mal von den Frauen zu reden sein wird, denn von ihnen – vor allem – möchten Männer geliebt werden.

Da fangen wir am besten gleich noch einmal ganz von vorne an, d. h., wenn ein Kind geboren wird und noch davor. Elisabeth Badinter (1993) stellt glaubhaft dar: Mutterliebe ist nicht angeboren! Nicht vor und nicht nach der Geburt! Kommt dennoch häufig vor. Schon wenn der Schwangerschaftstest positiv ist, überrollt so manche Frau eine Welle der Liebe zu diesem Wesen, das sie noch gar nicht kennt. Es ist die Liebe zu einer wunderbaren Möglichkeit – das ist für Liebe kennzeichnend –, die jedoch schnell von Angst und rationalen Überlegungen zerstört werden kann. Nehmen die überhand, so kann eine Abtreibung auch ohne Bedauern, ja mit großer Erleichterung vonstatten gehen. Aber in den Tiefen ihrer Seele trägt eine Frau die Trauer um die nicht gelebte Möglichkeit mit diesem Kind auf Dauer in sich. Das behaupte ich jetzt einfach mal so. Da es im Leben noch viele andere ungelebte oder verpasste Liebesmöglichkeiten gibt, mag das vielleicht nicht so erheblich sein.

Nun aber ist das Kind geboren – man könnte es ja hassen, weil es einen bei der Geburt so hat leiden lassen –, aber nichts da! Es ist so winzig und braucht so viel Schutz und Liebe, dass manche Frau darüber ganz automatisch die Liebe zu ihrem Mann hintanstellt. Für die Liebe eines Paares ist die Zeit mit kleinen Kindern und ihrer ständigen physischen Präsenz und später mit den größeren Kindern und ihrer ebenfalls ständigen, nun aber eher psychischen Präsenz eine gute Gelegenheit, sich unmerklich zu verflüchtigen. Oft versteckt sie sich irgendwo und kommt nur zu gern wieder zum Vorschein, wenn sie wieder einen eigenen und sicheren Platz zwischen den beiden Eltern findet.

Manchmal liebt die Frau den Mann auch dafür, dass er das Kind so sehr liebt – und er merkt den Purzelbaum, den die Liebe seiner Frau über ihn hinweg zum Kind schlägt, gar nicht, und das ist dann auch in Ordnung. Wenn er es merkt und eifersüchtig wird und – wie es der Löwenmann bisweilen tut – am liebsten das Kind auffressen möchte, damit die Konkurrenz weg ist, dann gerät so manche Frau in einen Konflikt. Ich gehe davon aus, dass die schrecklichen

Vernachlässigungen kleiner Kinder durch ihre Mütter sehr oft mit einem solchen Ambivalenzkonflikt zu tun haben: Wer bekommt die Liebe, den Schutz und die Fürsorge der Frau? Gar nicht selten ist es für die Frau gefährlich, den Mann zugunsten des Kindes zu vernachlässigen. Wie anders wäre es zu erklären, dass Männer, Angehörige zumeist, ungestört wiederholt und über lange Perioden hinweg ihre Kinder vernachlässigen, missbrauchen und demütigen können, ohne dass die Mutter dieser Kinder genauer hinschaut und einschreitet? Frauen sagen dann rückblickend oft, sie hätten nichts davon gewusst. Das stimmt meist sogar. Mit fest geschlossenen Augen sieht man nichts.

Wenn das Kind heranwächst, nehmen wir an, es ist ein Junge, kann sich die Eifersucht leicht herumdrehen. Letzthin traf ich eine Mutter von drei Söhnen, der jüngste sechs Jahre alt, einen Mann hatte sie auch. Sie lachte, als ich mit ihr das Thema »Zuwendungsgerechtigkeit« erörterte: »Sie glauben gar nicht, wie ich aufpassen muss mit meinen vier Männern, dass sich keiner benachteiligt fühlt, weil er denkt, ich gebe ihm weniger Aufmerksamkeit als einem anderen – das ist bei uns *das* unausgesprochene Thema.« Für ihre vier Jungs stehen dabei Aufmerksamkeit, Beachtung, Zuwendung für Liebe. Dieser Frau war es nicht angenehm zuzugeben, dass sie, heimlich, einen ihrer Söhne mehr liebte als die beiden anderen und alle drei mehr als ihren Mann – wenigstens zurzeit.

Die biografische Erinnerung eines erwachsenen Mannes hat mich in diesem Zusammenhang sehr berührt. Er erzählte, dass seine Mutter, wenn er mittags aus der Schule nach Hause kam, immer in dem gleichen grauen Kittel und ungekämmt ihre Hausarbeit machte, die Böden schrubbte und bohnerte, das Abendessen vorbereitete, bügelte usw.

um sich dann, täglich, kurz vor sechs im Schlafzimmer in eine schöne Frau zu verwandeln. Er schaute ihr zu, wie sie sich ein elegantes Kleid anzog. Sie frisierte ihr Haar, steckte es hoch, schminkte sich – wurde zu einer ganz anderen, geheimnisvollen, ein wenig fremden Schönheit. Und, obwohl er ihr Parfüm sehr mochte, ergriff ihn noch beim Gutenachtkuss der Hass auf den grauen Kittel und die nagende Eifersucht auf seinen Vater, für den sie all dies tat. Wenn dieser nun erwachsene Mann sagt: »Nur von einer Frau, die sich für mich schön macht, fühle ich mich geliebt«, dann darf man das, meiner Ansicht nach, nicht als eine neurotische Fehlentwicklung betrachten.

Dann die Liebe der pubertierenden Jungen – auch der Mädchen –, die hervorgerufen wird durch den typischen Hormonschub, der einen unabweisbaren erotischen und sexuellen Drang bewirkt, dem sie sich kaum entziehen können. Warum sollten sie? Wo es doch die Natur so eingerichtet hat! Worauf sich ihre erotischen Fantasien allerdings richten, ist nicht disponibel. In ihnen entstehen die Bilder, denen die Sehnsucht folgt, unentrinnbar, unentscheidbar, sie nennen es Liebe, jenes obskure Ding der Begierde! Wenn es so etwas gibt wie »kein freier Wille«, dann hier. Nehmen wir einmal die anstößigste »Liebe«, die sich denken lässt, die zu kleinen Kindern, die Pädophilie. Nur auf sie, die kleinen Kinder, richtet sie sich – und für die, die von ihr erfasst werden, die sie trifft, ist sie ein Fluch und eine Tragödie, wenn sie sich mit dem Drang nach sexueller Erfüllung verbindet. Dass das ein schwerer, perverser Missbrauch sein soll, erscheint einem Pädophilen absurd – er empfindet Liebe. So viel muss man von Perversionen wissen – damit das Verbot bestimmter Handlungen überhaupt installiert werden kann. Dafür waren und sind die Tabus gemacht! Sie richten sich gegen einen Trieb, der, unkontrolliert, schweren Schaden anrichten würde. Die derzeit voranschreitende Enttabuisierung verbotener und streng verheimlichter Sexualpraktiken entschuldigt den Tabubrecher vermeintlich vor sich selbst, wenn er mitbekommt, dass so viele andere auch so sind wie er und das Gleiche tun. Also würde er am liebsten sagen: »Das ist doch normal.«

Tabu und Verbot dürfen aber nur sagen: Du darfst nicht *tun*! Sie dürfen nicht sagen: Du sollst nicht *sein*: also nicht sado-oder masochistisch, pädophil, homo-, hetero-, bi-, transsexuell etc. *sein* – denn das ist nicht disponibel, also unmöglich – und, wie schon des Öfteren gesagt: Unmögliches darf nicht verlangt werden! – sondern: Du kannst lernen, dein sexuelles Begehren in Freundschaft, Zuneigung, Bezogenheit, Unterstützung – also in Liebe im eigentlichen Sinn – umzuschreiben. Das findet nämlich im Kopf statt! Und der Kopf und seine Bewertungen als richtig oder falsch, gut oder schlecht, unanständig, beschämend, rücksichtslos usw., die sind disponibel. Und hier müssen wir den sonst so geschätzten »Bauchdenkern« widersprechen. Nicht alles, was der Bauch sagt, sollte man flugs auch tun: Hinhören und etwas merken sollte man aber allemal, sonst ward's getan, fast eh's gedacht.

So ist das mit der Liebe und der Sehnsucht besonders in der Pubertät und den jungen Jahren und – um das auch gleich noch mit abzuhandeln – in der Midlife-Crisis der Männer um die 45. Es handelt sich da hin und wieder um eine Art geistiger Verwirrung, die so stark und bedrängend sein kann, dass der Junge und der noch nicht Alte – vielmehr nun wieder ganz Junge – wider jegliche Vernunft sein gesamtes bisheriges Leben missachtend Wege einschlägt, die alle außen herum, Eltern, Kollegen, Ehefrauen, eigene

Kinder, fassungslos zuschauen lässt. Bei Pubertierenden weiß man: Das geht vorbei, benutze Präservative, schau zu, dass du nicht Vater wirst, mach das bzw. die Mädchen nicht unglücklich, verliere nicht den Anstand und die Manieren, werde nicht respektlos usw.

Einem erwachsenen Mann in der »Krise« könnte man Gleiches sagen, es würde ebenfalls nichts nützen. Der Unterschied liegt darin, dass man die Jungen in der Familie hält, sie stützt und daran glaubt, dass sie wieder normal werden – wohingegen die Großen (oft, nicht immer) abhauen, nicht achtend die äußeren und inneren Verwüstungen, die sie zurücklassen. Ein, bei allem Elend interessantes Aperçu will ich in diesem Zusammenhang nicht unerwähnt lassen: Männer, die sich einer anderen, oft viel jüngeren Frau in Liebe zuwenden, sagen fast alle die gleichen Sätze zu ihrer zurückgebliebenen Frau: »Du warst immer so dominant, ich musste immer machen, was du wolltest, ich brauche endlich meine Freiheit und mein eigenes Leben.« Und sie sagen fast immer: »Du bist wie meine Mutter.« Recht haben sie! Obwohl sie als junge Männer sehr darauf bedacht waren, eine Frau zu verführen, zufriedenzustellen und an sich zu binden, die gerade nicht war wie die eigene Mutter, mutieren diese Frauen später unversehens und ohne ihr eigenes Zutun, besonders dann, wenn Kinder da sind, in den Augen ihrer Männer wieder zu Müttern, die dann in der Midlife-Crisis ebenso verstoßen werden müssen wie früher die eigene Mutter in der Pubertät. Darüber wundern sich die meisten Frauen nicht schlecht! Können das auch gar nicht nachvollziehen. Manchmal möchten diese Männer sogar auch noch die Zustimmung und Anerkennung ihrer Mutter/Frau bzw. Frau/Mutter, die für sie ja die Allerwichtigste ist. Hieraus erklärt sich das seltsame Phänomen, dass manche dieser Spätpubertierenden ihre neue Flamme mit nach Hause bringen – sei es im Gespräch oder sogar leibhaftig an den Küchentisch – und sich wünschen, dass die »Mama« sie dafür bewundert und ihnen Glück wünscht, wenn sie doch nun endlich in ihr eigenes (Liebes-)Leben aufbrechen.

Aus der Sicht der Ehefrau ist das natürlich der Gipfel der Perversion, aus der Sicht des Mannes ziemlich logisch. Könnte es nicht sein, dass es sich da um eine zweite Ablösung handelt, wenn die pubertäre nicht so ganz gelungen ist? – weshalb unter klugen Frauen die Warnung kursiert: Vorsicht vor »braven« Männern! Vor Heiratsschwindlern, Alkoholikern, Loosern etc. natürlich auch. Aber die Braven, die ihre Mama lieben, die ihr gefällig sind, sie dauernd anrufen, hinrennen und alles reparieren – die sind auch in ihrer Familie gute Partner, Väter, Freunde. Auch und besonders dann, wenn sie nie eine gute Mutter hatten! Das gilt es zu würdigen! Irgendwann aber wollen sie auch so etwas wie Freiheit und romantische Liebe – dann sind sie weg. Wie das Schnabeltier gehen sie ihrer Wege – wir wissen nicht, wohin. Manchmal kommen sie wieder, einigermaßen ramponiert und nicht in der besten Verfassung, klopfen an die häusliche »Himmelstür« und denken, die Familie hätte sich mittlerweile nicht von der Stelle gerührt, sondern nur sehnsüchtig gewartet. Weil das nicht so ist, verlieren wir sie an dieser Stelle am besten gleich aus den Augen.

Was bleibt als Hinterlassenschaft? Tapfere Kinder und Frauen, die sich aufraffen (müssen), ihr eigenes fröhliches Leben zu zimmern, und ziemlich viel Enttäuschung über die »real existierende« Liebe. Sie sagen dann oft: »Nie wieder! Wenn ich von der Arbeit heimkäme und es säße da so ein seltsames Wesen, also ein Mann, auf meinem Sofa, ich würde sofort kehrt machen und erst mal in der Kneipe um die Ecke einen heben gehen!« Meistens kommen sie dann aber doch nach Hause und fangen wieder eine Beziehung an, denn »zusammen ist man weniger allein« und bekommt auch manchmal Unterstützung oder wenigstens die Illusion davon.

Wenn von Liebe die Rede ist, dann haben wir fast reflexhaft die Liebe zwischen einem Mann und einer Frau im Blick oder auch zwischen zwei Männern oder zwei Frauen, der quasi automatisch auch die erotische oder sexuelle Beziehung beigemischt ist. Das finde ich schade, weil es die Vielfalt dieses Gefühls einengt auf etwas, was »romantische Liebe« genannt wird und was zurzeit als ein unerlässlicher Bestandteil des gedeihlichen familiären Zusammenlebens oder von Partnerschaften gilt. Auch, dass ihr Nachlassen oder Verschwinden es rechtfertigt, die Partnerschaft aufzulösen und ebenfalls zu verschwinden. Da hören wir dann erstaunt, dass in arrangierten Ehen, die in anderen Kulturen noch üblich sind, die Eheleute sagen: »Wir haben uns nicht gekannt, dann haben wir zusammengelebt, und mit der Zeit ist die Liebe dazugekommen«.

Andererseits würde man nicht jedes erotische und sexuelle Begehren gleich Liebe nennen. Besonders wenn man ein Mann ist. Unter den ganz Jungen würde eher ein Mädchen sagen: »Aber er liebt mich doch – hätte er sonst mit mir geschlafen?« Während der Junge sagen würde: »Ich habe doch nur mit ihr geschlafen, wie kommt sie darauf, ich würde sie lieben?« Sexualaufklärung, wie sie zurzeit in aller Offenheit stattfindet, berührt gerade solche Verschiedenheiten in der Bedeutsamkeit von Situationen nicht – täte sie es, würde manchem Mädchen manch emotionales Leid vielleicht nicht erspart, aber doch verständlicher und keine so große Enttäuschung sein.

Ein schon älterer Mann plädierte im Freundeskreis einmal dafür, dass es wünschenswert wäre, die Sexualität von der Beziehungsbindung zu entkoppeln. Es sei doch so, dass sexuelles Begehren bei individuellen Männern und ebensolchen Frauen in unterschiedlichen Situationen, Häufigkeiten, Anlässen usw. entstehe und dann käme es doch vor allem darauf an, dass ein reizvolles Gegenüber in ebenso begehrlicher Verfassung in der Nähe sei und dann könne man – wo und mit wem auch immer – den Beischlaf – in welcher Form auch immer – vollziehen, sich gegenseitig bedanken und seiner Wege gehen. Wichtig sei eben nur, dass keiner sich genötigt fühle und dass daraus keine ungewollte Verpflichtung abgeleitet würde. Mir erscheint das plausibel.

In manchen Stammeskulturen soll es ja heute noch so zugehen, besonders unter den Jugendlichen, und wie man hört, sind sie damit sehr zufrieden. Ob daraus Leid, Kummer und Eifersucht entstehen und damit Frustration und Gewalt, hängt – wie immer – von der Bedeutungszuschreibung ab. Auch davon, ob dabei Liebe ins Spiel kommt – was sich manchmal nicht vermeiden lässt, weil es einfach geschieht.

Und damit hier niemand denkt, dass solche »Privilegien« nur bei den Männern zu finden sind: In einem matrilinearen Sozialverband in Südchina hat eine Frau ein umso höheres Ansehen, je mehr Liebhaber sie hat bzw. schon hatte. Eine junge Frau sagte im Interview: »Meine Schwester, sie ist das Familienoberhaupt, hat 162, ich (leider nur) 67 – ich bin ja auch noch jünger.«

Das geht so: Des Abends versammeln sich die jeweils interessierten Männer vor dem Haus der Frau ihres Interesses. Sie winkt einen für die Nacht herein. Die anderen gehen anderswohin – Eifersucht ist verpönt! Einer der Abgewiesenen sagte: »Aber das ist doch nicht schlimm. Es gibt genügend Frauen.« Ich nehme mal des Weiteren an: Wenn die Frau keine Lust hat, bleibt das Fenster zu. Bleibt es zu oft zu, sinkt ihr Ansehen – siehe oben. Es kommen aber auch immer nur diejenigen Männer unter ihr Fenster, die eben diese Frau begehren. Das kommt dem obigen Vorschlag schon ziemlich nah.

Wenn in diesen Kulturen oder anderswo nach ausgiebiger Promiskuität eine gegenseitige Bindung zwischen zweien entstanden ist, dann bleiben sie zusammen und aufeinander bezogen, arbeiten, bauen, säen, ernten, haben Kinder – wenn dabei die Liebe auch gewachsen ist, füllt sie die Zwischenräume zwischen ihnen aus.

Wenn die Liebe da ist, kann man sie spüren. Sie flüchtet, wenn man über sie spricht und damit dingfest machen möchte. Im Konkreten hält sie sich meistens nicht lang auf, weshalb die Frage »Liebst du mich?« entweder unnötig oder sinnlos ist. Aber es geschieht, dass sie sich bei zwei Menschen rechts und links unterhakt, sie verbindet und nicht mehr loslässt. Dann ist es gut, wenn sie ihr Geheimnis hüten. Und wenn sie sich anschauen, so sehen sie die Liebe im Blick des anderen, spüren sie und wissen davon.

Das ist das Wesen der Liebe – nicht das Begehren, im Sinne von Unterwerfen-, Haben- und Behaltenwollen, sondern das Umfangen und Einhüllen von zwei Menschen, egal, wie nah oder wie weit entfernt sie voneinander sind. Die Liebe zieht sie an und zueinander hin, verbindet sie miteinander – über Raum, Zeit und den Tod hinaus –, »sie höret nimmer auf«.

Ich glaube, dass die Liebe eine tiefe Sehnsucht nach Verbundenheit ist, die alle Menschen in sich haben und die sich auf sehr vielfältige Weise erfüllen kann − sodass sie sich nicht zwangsläufig nur zwischen einem Menschenpaar ereignet.

Es gibt da eine schöne Geschichte, die Martin Buber erzählt hat: »Elfjährig, auf dem Gut meiner Großeltern den Sommer verbringend, pflegte ich mich, sooft ich es unbeobachtet tun konnte, in den Stall zu schleichen und meinem Liebling, einem breiten Apfelschimmel, den Nacken zu kraulen. Das war für mich eine große, zwar freundliche, aber doch auch tief erregende Begebenheit ... Der Schimmel hob ... sehr gelinde den massigen Kopf ... dann schnob er leise, wie ein Verschworener seinem Mitverschworenen ... ein Signal gibt, und ich war bestätigt. Einmal aber ... fiel mir über dem Streicheln ein, was für einen Spaß es mir doch machte, und ich fühlte plötzlich meine Hand. Das Spiel ging weiter wie sonst, aber etwas hatte sich geändert, es war nicht mehr *Das*. Und als ich tags darauf meinem Freund den Nacken kraulte, hob er den Kopf nicht.« (Einsichten 1953, zit. nach Steffensky 2007)

Auch hier ist von Liebe die Rede, der Liebe zwischen einem Kind und einem Pferd, die genau dem gleichen intimen und subtilen Zauber folgt wie jede andere Liebesbeziehung, mit der Besonderheit, dass das Pferd als reines Spürwesen es sogleich bemerkt und reagiert, wenn sich die Seinsebene des geliebten Kindes verschiebt hin zu seinem eigenen egozentrischen Vergnügen. Nicht anders ist es mit jeglicher Liebe, und dies ist gleichzeitig ihr Paradoxon: Sie findet ihr Liebesobjekt und richtet sich darauf, sie sieht im Inneren das Bild des Geliebten und spürt seine Anwesenheit − verliert sich dabei selbst aus dem Blick und kommt gerade deshalb zu sich selbst.

Mir scheint, dass sich daraus unser aller Liebessehnsucht

speist, dass die Liebe uns zu uns selbst verhilft. Sehr gut hat das Jürg Willi in seiner Beschreibung der »absoluten Liebe« dargestellt. Er spricht von der »Auflösung und Wiedergeburt des Selbst in der Liebe«. »In ihrer Grundform zielt die Sehnsucht nach der absoluten Liebe auf das Aufgehobensein ... in einem doppelten Sinn. Aufgehobensein als Geborgenheit ... einem Zustand bedingungslosen Angenommenseins, des Zuhauseseins, des Heimat-Habens im anderen, des unbedingten Miteinander-Vertrautseins.« Und um das »Aufgehobensein alles Trennenden in der Liebe: In dieser absoluten Form geht es um das Sehnen nach persönlicher und körperlicher Auflösung in der Beziehung zum Geliebten. ... Dieses Sehnen nach dem fraglosen Aufgehobensein hat den archaischen Charakter einer unio mystica.« (Willi 2005, S. 20)

Willi stellt des Weiteren Überlegungen darüber an, dass die Sehnsucht nach bedingungslosem Aufgehobensein, das in früheren Zeiten in der absoluten Gottesliebe gefunden wurde, heute stellvertretend in der Partnerliebe gesucht und – oft auch – erfahren wird.

Wenn wir uns fragen, woher diese Sehnsucht rührt, die der menschlichen Seele zugehörig und insofern eine conditio humana zu sein scheint, so könnten wir einerseits denken, es sei die rückwärts gewandte Erinnerung an die absolute und bedingungslose Verbundenheit mit der Mutter im Uterus. Und es sei gleichzeitig die Sehnsucht der Seele nach der Auflösung und Rückkehr zu ihrem geistigen Ursprung im Tode. Die Berührung mit dem Transzendenten, sei es in einer Nahtoderfahrung, in einer Erfahrung spiritueller Erleuchtung, in der sexuellen Ekstase, in einer spontanen intuitiven Erkenntnis, in der meditativen Versenkung, ist eine private Erfahrung, die sich ereignen kann, wenn eine Bereitschaft dazu vorhanden ist. Es ist immer eine Erfahrung der Verbundenheit, eine Berührung mit etwas Größerem und Unsagbarem. Wenn es denn so sein sollte, dass alle Sehnsucht des Menschen sich darauf richtet, zu sich selbst zu kommen, und dass dabei immer Liebe im Spiel ist – so müssen wir vielleicht anerkennen, dass sich die Liebe auf vieles richten kann. Und dass es dabei eine natürliche Symmetrie zwischen Männern und Frauen gibt, insofern wir allesamt diese Sehnsucht haben. Nur, die Sehnsuchtsbilder, die wir mit ihr verbinden, unterscheiden sich wiederum – nicht nur zwischen Männern und Frauen, sondern auch von einer Person zur anderen.

Zwischen den Geschlechtern besteht da eine natürliche Asymmetrie, insofern nur bei den Frauen die besagte bedingungslose Mutterschoßgeborgenheit zu holen ist. Nur Frauen haben sie zu bieten, und sie wissen das. Ihr Bewusstsein von Verbundenheit mit ihren Kindern und auch mit anderen Lebewesen könnte daher rühren, dass sie während der Schwangerschaft lange Zeit mit dem werdenden Kind aufs Engste verbunden sind. Ich denke, dass auch Frauen, die nie Kinder bekommen haben, dennoch diese Verbundenheit als Potenzialität in sich haben. Aus meiner Sicht könnte das ein Grund dafür sein, dass die Gewichtung von Autonomie und Verbundenheit – gegensätzliche Strebungen, die im Menschen angelegt sind – zwischen den Geschlechtern asymmetrisch ausgeprägt ist.

Shem & Surrey (2003) haben hierzu eine beachtenswerte These vorgelegt. Sie spielen auf die geschlechtsspezifische Sozialisation von Jungen ab dem dritten Lebensjahr an, wenn sie feststellen, dass diese durch die Abwertung von Beziehungsgefühlen systematisch aus Beziehungen heraus erzogen werden hin zur Entwicklung eines starken »Selbst«, hin zu einer eigenständigen, unabhängigen Existenz in »Unverbundenheit«. »Der Junge löst sich vom verbalen und emotionalen Austausch in Beziehungen, um sich anderen Aktivitäten zu widmen, die ihm Selbstbestätigung geben. Die Loslösung steigert sein Unbehagen mit Beziehungen und verstärkt die Entscheidung für die Selbst-Orientierung.« Die Sehnsucht der Männer nach Liebe und Verbundenheit ist deshalb oft sehr ambivalent und geprägt von Angst vor einem seit langer Zeit verlassenen Terrain. Die Autoren nennen es das Beziehungsparadoxon: »Er flieht vor der Liebe und versucht, durch Leistung die Liebe zu erringen, vor der er flieht. Aber Liebe gewinnt man nicht durch Leistungen.« (S. 84)

Weil sie das ahnen, gehen die Sehnsuchtsbilder der Männer nach Liebe und Verbundenheit oft weit bis in ihre allererste Lebenszeit zurück. Letzthin, bei einer entspannten Gruppenwanderung, sagte einer der Männer unvermittelt und verträumt: »Große Titten sind einfach was Schönes!« Darauf eine der Frauen: »Männer denken doch wirklich immer nur an das eine!« Was vermutlich stimmt und durchaus verständlich ist. Aus der Perspektive eines Babys, das jeder Mann ja einmal war, sind die weiblichen Mutterbrüste riesengroß! Und weil das damals, ganz am Anfang, für den kleinen, ängstlichen und gefährdeten Jungen – ich erinnere Sie an das 2. Kapitel – die einzige, geschützte, warme, geborgene und nahrhafte Gegend gewesen ist, die er kannte, muss es doch nicht verwundern, wenn er davon träumt. Wenn man, was häufig vorkommt, sieht, dass ein Mann im privaten, familiären Raum so ganz anders, weicher, zugewandter, nachgiebiger, womöglich auch schwächer wirkt als draußen in seiner gesellschaftlichen »Wildnis«, so könnte es sein, dass in der

Geborgenheit der eigentliche bzw. »alte« Persönlichkeits-
kern zum Vorschein kommt.

Der Unterschied zwischen den Sehnsuchtsbildern der
individuellen Menschen hängt aber auch vom Maß der
Konkretheit bzw. vom Maß des Imaginären ab, das in ihrem
Leben vorherrscht. Anders gesagt: Auf welcher Ebene des
Seins halten sie sich vorwiegend auf? Dort wird sich auch
die Liebe realisieren.

Denn die oben genannten »außergewöhnlichen« Zustände jenseits von Raum und Zeit haben durchaus Ent-
sprechungen im konkreten Alltagsleben, z. B. in der Selbst-
vergessenheit des Spiels, in der Musik, bei der Arbeit, im
Gespräch und vertrauten Zusammensein – auch im selbst-
vergessenen Fahren mit der Modelleisenbahn und beim
Streicheln einer Katze – eines Hundes natürlich auch.
Beim Feiern, beim Tanzen, beim Füttern der Kaninchen
und vielen anderen geliebten Tätigkeiten, in denen man die
Zeit vergisst. Da realisiert sich ein Grundbedürfnis nach
Verbundenheit, Vertrauen, Harmonie, Stimmigkeit, Schönheit, Freiheit auch. All diese Wörter, deren Bedeutung jeder
kennt und die doch niemand so recht definieren kann, die
aber als innere Bilder das Leben leiten, treten als Sehnsucht
bzw. als innere Erfahrung ins Bewusstsein. Diese Bilder
sind nicht empirisch, nicht realistisch, gehen nicht aus dem
Konkreten hervor, auch wenn es dann und wann geschieht,
dass sie sich im Konkreten manifestieren.

Wie kommt es, dass jeder Mensch solche Bilder hat? Woher wissen wir, was Vertrauen, Geborgenheit, Freundschaft,
Liebe ist? Woher wissen es diejenigen besonders gut, die
derlei in der Realität nie erfahren haben? Und die, denen
das Vertrauen gebrochen, die Geborgenheit vorenthalten,
die Freundschaft verloren, die Liebe zerstört wurde? Wir

haben, *vor* jeder Erfahrung, eingeborene innere Bilder, an denen wir die konkrete Realität »messen« – und die wir tunlichst davor bewahren sollten, von der konkreten Realität beschädigt oder gar zerstört zu werden.

So sieht es ganz danach aus, als seien die Bilder, Träume, Sehnsüchte, Imaginationen, Illusionen – die imaginäre Welt der Seele – bestimmender für das eigene Leben und auch das Beziehungsleben als die konkrete Realität. Denn die imaginäre Welt enthält noch alle Möglichkeiten, während die konkrete Welt der unumkehrbaren Zeit unterliegt, sodass wir sie nehmen müssen, wie sie gerade ist.

So können wir vielleicht sagen, dass das, was wir lieben, eine Sehnsucht und Illusion ist und das, was einen Menschen liebenswert macht, nicht mehr, aber auch nicht weniger ist als das Bild, das er im Gegenüber hervorruft. Und dieses Bild wird schön sein, wenn er selbst bei sich ist und einfach so da.

Da hören wir deshalb noch ein paar klugen Männern zu, z. B. Mark Twain, wenn er sagt: »Trenne dich nicht von deinen Illusionen! Wenn sie verschwunden sind, wirst du weiter existieren, aber aufgehört haben zu leben.« Oder Franz Kafka: »Die Träumer und die Wünschenden halten den feineren Stoff des Lebens in ihren Händen.« Oder Monsieur Ibrahim: »Deine Liebe zu ihr gehört dir. Die kann dir keiner nehmen.« (Schmitt 2007, S. 57) Die Liebe gehört dem, der sie hat, auch dann, wenn er sie an jemanden verschenken möchte, der sie gar nicht haben will. Oder sie nicht als Liebe erkennt.

10. Schlusswort, oder: Nachgeschobene Ermutigungen für Männer und Frauen

Am Ende stellt sich heraus, dass vieles von dem, was über Männer gesagt wurde, auch über so manche Frau hätte gesagt werden können, und dass aus ganz eigenartigen Kombinationen von biologischen Voraussetzungen, Eigenschaften und Verhaltensweisen seltsame Mischwesen zutage treten, die wir dem bzw. der Artenschutzbeauftragten ganz herzlich anempfehlen. Damit sie sich in ihrer Eigentümlichkeit hervortrauen und sich nicht, wie es noch oft üblich ist, verhüllen und »Normalität« vortäuschen müssen. Wir haben auch gesehen, dass Normalität im Sinne dessen, was viele tun oder sind, keineswegs immer erstrebenswert und erfreulich ist. Sodass wir noch einmal ein Loblied auf das Schnabeltier anstimmen wollen, das nur manche richtig schön finden und das doch so viel liebevolles Interesse weckt. Wie sagte doch Mark Twain? Wenn man jemandem, der noch nie eine Giraffe gesehen hat, beschreiben würde, wie eine Giraffe aussieht, würde er einen für verrückt erklären und sagen, dass es so ein Tier in der Realität gar nicht geben kann – bei so einer absurden Architektur. Bei manchen Männern denkt man das auch – und doch: Gottlob, es gibt sie (noch!).

Die Zukunft des Mannes, vielmehr derer, die sich selbst als Mann verstehen oder als ein solcher angesehen werden, liegt aus meiner Sicht nicht darin, dass für sie ein neues verbindliches Männerbild zurechtgezimmert werden sollte – von wem auch immer: Lehrern, Frauen, Soziologen,

Psychologen etc. –, an dem sie ablesen könnten, wie sie sein sollen. Also ein zukunftsträchtiges Männermodell! Über das Entweder (Macho) / oder (Softie) sind wir inzwischen wohl hinaus. Ein Sowohl-als-auch probieren viele Männer gerade aus, und manche stellen betrübt oder frustriert fest, dass es ihnen leider nicht so recht gelingen will. Gar nicht wenige Männer sind klug genug, den Errungenschaften der Frauenemanzipation zuzustimmen und sich deren berechtigten Forderungen anzuschließen. Sie versuchen, so gut es eben geht, bessere Väter und Partner zu sein, und merken, dass sie selbst eine ganze Menge davon haben. Anders gesagt: Auch den Männern werden zurzeit Räume geöffnet, in denen sie Seiten ihrer selbst entdecken und leben dürfen, die ihnen früher verschlossen waren. Dabei ist es gar nicht so ganz klar, welche Domänen in Zukunft von wem mit Beschlag belegt und gegen andere Domänen abgeschottet werden. Auch wenn Frauen schon lang darum gekämpft haben, männliche Bastionen zu erobern und zu besetzen, und dabei gegen männlichen Widerstand ankämpfen mussten, können wir ruhig davon ausgehen, dass auch Männer Opfer der ihnen auferlegten Männlichkeitsklischees gewesen und immer noch sind. Auch für sie war und ist es nicht leicht, die herkömmlich weiblich besetzten Domänen für sich zu erobern. Genauso wie umgekehrt für die Frauen. Und für Beobachter – wie mich z. B. – ist es bemerkenswert, wie selbstverständlich die neuen Domänenbesatzer die Definitionsmacht, wie man sich da zu verhalten hat bzw. wer der oder die bessere Besetzung ist, an sich nehmen statt ihrerseits nun zu begrüßen, dass sich das Spektrum erweitert und diversifiziert. Das gilt für Führungsstile, für Partnerschaften, sogar für die Liebe. Da gebe ich Walter Hollstein (2008) recht in seiner Klage, dass zurzeit die weibliche Definition dessen, was Liebe ist – nämlich Nähe, Miteinander-reden, Zusammensein –, die männliche Definition – näm-lich Liebe durch Handlungen und Taten zu zeigen – außer Kraft zu setzen sucht.

Der gesellschaftliche Druck, der von der Frage ausgeht, wie männlich ein Mann und wie weiblich eine Frau sein darf oder auch umgekehrt, wird aktuell wieder einmal sicht-bar, und zwar nicht nur an Stammtischen. Fragte doch An-drea Böhm in der »Zeit« vom 5. Juni 2008 – zwar ironisch, doch mit sehr ernstem Hintergrund: »Ist Obama ein echter Mann?« Man könnte darauf antworten: »He is a Mensch.« Und es war zu befürchten, dass seine »weiblichen« Eigen-schaften ebenso wie seine Hautfarbe im Wahlkampf zu ei-ner Kampagne benutzt werden würden, die ihn die Präsi-dentschaft hätte kosten können, da es sich auch in Amerika noch nicht herumgesprochen hatte, dass wahrhaft kreative Menschen sowohl männliche als auch weibliche Eigen-schaft in sich vereinen, wie Mihaly Csikszentmihalyi (2007) gezeigt hat. Aber unser unhinterfragtes Entweder-oder-Denken hat uns bisher immer wieder nahegelegt, dass wir uns auf eine eindeutige Identität festzulegen haben. Inzwi-schen haben wir uns zumindest an Mischungsverhältnisse gewöhnt, lassen es aber immer noch zu, dass an Frauen in Führungspositionen, zum Beispiel Angela Merkel oder Hi-lary Clinton, die Frage gestellt wird, wie männlich sie denn eigentlich seien. Dass sie in anderen Kontexten auch sehr weibliche Frauen sein könnten, vermuten die Leute nicht einmal.

Wir haben leider immer noch eine Kultur, die eine Per-son auf eine einzige Identität festlegen möchte – wohl zu-gunsten der Definitionssicherheit des Betrachters, damit der weiß, woran er ist. Das geht sogar so weit, dass man es erwachsenen Menschen, besonders öffentlichen Personen, Politikern zumal, vorwerfen darf, wenn sie im Laufe ihres Lebens ihre Identität wechseln – auch im Sinne von Fortentwicklung. Die nach außen – oft auch nach innen – festgeschriebene und unveränderliche Identität wird leicht mit Wahrhaftigkeit und Aufrichtigkeit, auch mit einem verlässlichen Charakter verwechselt. Dann verwundert es, wenn wir irgendwann feststellen, dass ein Mensch auch noch ein anderes Gesicht hat, was in dem Satz zum Ausdruck kommt: Jetzt zeigt er sein wahres Gesicht! Man sollte lieber sagen: sein verborgenes Gesicht, das er vielleicht auch vor sich selbst verborgen gehalten hatte, weil es nicht in die Landschaft gepasst hat. Wenn sich andere Bedingungen ergeben, kommt es zum Vorschein. Damit jemand das ganze bunte Spektrum seiner möglichen Seinsweisen ausloten und leben kann, dafür sollte er nicht seinen Lebensraum wechseln müssen.

Man sieht immer wieder Menschen – meist sieht man sie nicht, weil sie sich vor unseren Augen verhüllen –, die mit der von ihnen geforderten oder der ihnen zugeschriebenen Identität nicht glücklich werden können. Unser gesellschaftlicher »Normalitätswahn« und das gleichzeitige Bedürfnis, Negativdiagnosen für »abweichendes« Verhalten parat zu haben, schafft immer noch einen hohen Konformitätsdruck, von dem man eigentlich annehmen sollte, dass er nach der Kindheit und frühen Pubertät, wo jeder so sein will wie alle anderen, ad acta gelegt wäre. Nehmen wir noch mal als Beispiel die gefühlte Geschlechtsidentität, mit der manche so unglücklich und verzweifelt sind, dass wir ihnen wünschen würden, sie würden sich überhaupt erst einmal trauen zu merken, wer sie sein möchten. Dann könnten sie leichter zu einer Lösung finden, wobei eine Geschlechtsumwandlung sicher nur ein außergewöhnliches Extrem ist. Dass sich jemand, geschlechtlich gesehen, in seiner eigenen Haut wohlfühlen darf, ist das Mindeste, was wir von einer aufgeklärten Gesellschaft erwarten dürfen. Und dass das Geschlecht mit sexuellen und erotischen Präferenzen, mit psychischen Gestimmtheiten und mit bestimmten Kompetenzen – und oft auch Inkompetenzen – einhergeht, habe ich in diesem Buch darzulegen versucht.

Mir scheint allerdings, dass wir derzeit mitten in der Diskussion von Defiziten stecken geblieben sind – besonders wenn es um Menschen männlichen Geschlechts geht. Es ist eine – schlechte! – Angewohnheit geworden, die Methode des Pathologiedenkens – also eine Diagnose dessen zu erstellen, was nicht funktioniert –, die sich als wissenschaftsmethodische Strategie in der Medizin und den Biowissenschaften etabliert hat, auf das gesellschaftliche Leben zu übertragen: Die Problemorientierung bzw. Pathologisierung unseres gesamten Lebens – angefangen von der Erziehung, Schule, Familie, Partnerschaft, Wirtschaft und Politik- ist schon so selbstverständlich geworden, dass wir kaum mehr merken, was wir da tun. Wir suchen überall die Fehler, um sie zu reparieren – auch die Schuldigen für diese Fehler, um sie sogleich anzuklagen. Insofern gibt es viele Hinweise darauf, dass auch Männer defizitär und vieles an ihnen pathologisch ist. Schuld daran hat entweder die Biologie – »Testosteronvergiftung« – oder die mütterliche und gesellschaftliche Sozialisation und das Fehlen der Väter, oder die traditionelle Machtideologie, oder das Schul- oder Wirtschafts- oder Politik-System. Das Reparieren läuft, wie das Wort schon sagt, hinterher und kommt nicht nach. Weil daraus eine desolate Lage resultiert, schlage ich vor, die Pathologiesicht aufzugeben und sich dem salutogenen Denkmodell anzuschließen, auch und besonders dort, wo es sich um das Leben männlicher Wesen handelt. Das Denkmodell der Salutogenese, das von Aaron Antonovsky (1993) herkommt und inzwischen in vielen Bereichen Fuß gefasst hat, sagt, grob gesprochen, dass jede Situation, auch jedes Lebewesen, von zwei Seiten betrachtet werden kann: von seiner problematischen und von seiner Ressourcenseite.

Tun wir Letzteres, so sollten wir darauf schauen, dass jeder seine eigenen Ressourcen so weit erkennt und ausbaut, dass er allfälligen Problemen, die ganz sicher auf ihn zukommen werden, und Defiziten, die er natürlicherweise hat, einigermaßen gewachsen sein wird. Damit kann man gar nicht früh genug anfangen, man weiß ja nicht, wohin die Reise geht und was einem da an Gefahren bzw. Herausforderungen und Überraschungen in den Weg kommen wird. Da kann man gespannt sein und fühlt sich gerüstet.

Ich schlage deshalb vor, dass Männer und Frauen ihre Diversität und persönliche Differenzierung auf eine Weise verwirklichen bzw. akzeptieren sollten, die jedem Mann und jeder Frau, seien sie nun mehr oder weniger männlich oder weiblich in ihrer Art, die Erlaubnis geben, zu sich selbst zu finden. Damit hat nämlich jeder ordentlich zu tun, denn dabei handelt es sich um eine lebenslange Entwicklung.

Ich würde wünschen, dass jedes Kind von Anfang an – gleich nach der Geburt gibt es noch die wenigsten Probleme –, aber auch später immer wieder in seiner Besonderheit Beachtung findet und respektiert wird. Wenn möglich geliebt. Damit rede ich nicht ungezügelter Bewunderung bei den Erziehern und einer überheblichen Selbstzufriedenheit bei den Kindern oder erwachsenen Männern das Wort, sondern gehe davon aus, dass nur dann, wenn einer wissen darf, wer er ist und womit er bei sich selbst zu rechnen hat, er auch selbstkritisch Korrekturen anstreben kann. Ich finde es nicht länger akzeptabel, dass sich Männer ihrer angeborenen oder erworbenen Eigenheiten wegen schämen und verlachen, schon gar nicht pathologisieren lassen sollen. Denken wir noch mal an die Extremvarianten wie Autisten, Asperger, Legastheniker, Hyperaktive – alles Existenzformen, die vorwiegend männlich sind. Selbstverständlich passen sie nicht in bestimmte Landschaften, in denen sie auch nicht überleben könnten. Das ist mit allen Lebensräumen so, und kein Fisch käme auf die Idee, seine Nachkommen in der Wüste Gobi großzuziehen. Obwohl – so sicher kann man da nicht sein. Denn, wie wir inzwischen wissen, erobern sich gerade die besonderen Spezies besondere Nischen. Dies ist auch bei Männern zu beobachten, wenn man sie nur lässt. Um es kurz zu sagen: Sie haben ein Recht auf Selbstentfaltung. Und noch etwas: Ein zufriedener Mann wird sich friedlicher verhalten als ein gedemütigter, unterdrückter und bevormundeter Mann. Und ich bin sicher, dass so einer auch eher Verantwortung übernimmt, wenn er anderweitig auf seine eigenen persönlichen Kosten kommt. Und er wird liebevoller sein – wenn vielleicht auch nicht gegenüber denen, die Liebe von ihm erwarten oder ersehnen. Vielleicht auch nur liebevoller gegenüber seinen eigenen Träumen. Das wäre auch nicht verkehrt und würde uns weiterhin mit Bildern versorgen von Männern, die genau das tun, was ihnen liegt: unterwegs sein in ferne Länder, auf kleinen oder großen Schiffen, in gefährlichen Höhen, in interessanten Büchern, bei anderen Frauen, an der Börse, im Computer, in der Politik, im Weltall und wo sie sich sonst noch gerne herumtreiben. Allein oder mit anderen Männern – und mit Frauen. Männer, die auch gerne wieder heimkommen und feststellen, dass sie zuweilen eine Heimat brauchen – manche auch nicht, dann sind sie auf Dauer oder immer wieder unterwegs.

Während wir Frauen uns währenddessen – hoffentlich unangefochten – alle Domänen erobern, die die Männer so lang besetzt gehalten haben. Und was stellen wir fest? Es gibt (fast) nichts, was wir nicht können. Für das *fast* können wir immer noch einen Mann herbeiholen und ihn um Hilfe bitten. Männer helfen gern.

Was ist die Folge? Was man kann, muss man auch machen. Und so sind wir (fast) wieder bei den eingangs beschriebenen matriarchalen Gesellschaftsformen angekommen. Die Frauen machen alle wichtigen Arbeiten, kümmern sich um die Kinder, kümmern sich auch um den Rest der Familie, um die Alten, die Freunde, verdienen und verwalten das Geld, machen Familien- und große Politik, organisieren und ordnen das Leben, sorgen dafür, dass es schön ist, und lieben ihre Söhne und Männer – ihre Töchter lieben sie natürlich auch, aber anders. Wenn Frauen unter sich sind, fühlen sie sich entspannt und wohl, lachen viel und verteilen schwesterliche Solidarität.

Männer, wenn sie unter sich sind, fühlen sich übrigens auch ganz gut, und wenn man sie dabei beobachtet – ohne dass sie es merken, wohlgemerkt –, kann man sehen, wie sie wirklich sind – aber eben nur in dieser Situation. Anderswo sind sie wieder ganz anders – weshalb sie selbst mit ihren verschiedenen Identitäten manchmal ganz schön überfordert sind. Jedenfalls braucht sich niemand einzubilden, sie zu verstehen. Wenn deshalb eine Frau zu ihrem Mann sagt: Du verstehst mich nicht – guckt er nur verständnislos, weil er weiß, dass das gar nicht möglich ist – man sieht immer nur einen Teil. Anders die Frauen. Sie haben ein Sensorium für Kontexte, das ihnen erlaubt, komplexe Situationen und sogar einen Mann zu verstehen im Sinne von erspüren. Das ist ihr Vorteil und eine speziell weibliche Kompetenz.

Und: Frauen erziehen Söhne! Und im Hinblick darauf muss ich nun richtiggehend an die Mütter appellieren. Es stimmt zwar, dass Väter und andere Männer für die Jungen eine Vorbildfunktion haben (sollen), weshalb auch immer wieder nach mehr männlichen Erziehern und Lehrern gerufen wird. Ob die jedoch in einer Weise vorbildlich sein können, hängt wiederum davon ab, wie sie sich Frauen gegenüber verhalten. Und wie sich der Vater der Mutter gegenüber verhält, das hat der Sohn zu Hause bei der Mama gelernt und von seinem eigenen Vater und so immer weiter zurück. Manchmal macht er auch genau das Gegenteil von dem, was er da erlebt hat.

Deshalb also die Mütter: Dass sie ihre Söhne lieben, setzen wir hier einmal voraus. Dass sie ihnen aber auch zeigen sollten, wie eine autonome, lebenslustige, liebevolle, großzügige Frau lebt – und dass sie damit die Achtung und den Respekt ihres Sohnes gewinnt, scheint mir noch wichtiger zu sein. Es reicht nicht aus, alles zu machen – siehe oben –, wenn dabei die Lebenslust auf der Strecke bleibt. Wenn es ein Opferdasein ist. Wenn Angst und Frust dominieren. Wenn Wut, besonders die unterdrückte, spürbar ist. Wenn sie ihren Männern, den kleinen wie den großen, nicht standhalten kann. Das Beste, was eine Frau tun kann, ist ihr eigenes Leben zu leben, sich nicht dauernd zu rechtfertigen und die Verantwortung, die sie angenommen hat, zu tragen, auch wenn sie denkt, dass einer sie mit ihr teilen sollte.

Ich kenne nicht wenige Frauen, die sich zu Hause für dümmer ausgeben, als sie sind, nur damit der Partner nicht merkt, dass sie in Wahrheit intelligenter sind als er. Weil sie denkt, er würde das nicht aushalten und lieber zu einer kleinen Blonden überwechseln. Das ist schade. Und, wenn er (und sie auch) sich da mal nicht in den kleinen Blonden irren.

Ich denke aber auch, dass solche Klischees und Karikaturen unter den jungen Paaren nicht mehr so oft vorkommen. Das scheint mir eine der wichtigsten Folgen der Emanzipationsbewegung der letzten Jahrzehnte zu sein: Dass Mütter ihren Söhnen vorleben, wie eine Frau ein selbstständiges und unabhängiges Leben in gleichzeitiger Verbundenheit mit ihrer Familie führen kann. Die eigentlichen Vorbilder, die Jungen und erwachsenen Männern Achtung einflößen, sind Frauen, die sich ihrer eigenen Identität sicher sind. Das gibt nicht nur den Frauen Sicherheit, sondern auch den Männern. Nicht nur in der Familie, sondern auch in beruflichen und öffentlichen Kontexten: Frauen haben, ob sie es wollen oder nicht, die Aufgabe, durch ihre eigene Souveränität und starke Präsenz den Rahmen abzustecken, in dem die sie umgebenden Männer sich bewegen dürfen. Dann brauchen sie auch gar nicht verbal darum zu »kämpfen«.

Dazu erzähle ich zu guter Letzt noch ein paar Geschichten, um den Bogen zum »ethnologischen Blick« des Anfangs zu schließen.

Zum Beispiel über das »Dorf der Frauen« in Kenia. Das Leben in Kenia ist, zumal für junge Frauen, nicht einfach. Sie befinden sich, neben der Not der täglichen Versorgung ihrer Kinder, auch häufig in einem Dilemma, das für Frauen auch andernorts nicht untypisch ist. Wenn sie nach draußen gehen, um Holz zu sammeln, geraten sie in die Hände weißer Soldaten, die sie sexuell belästigen und oft vergewaltigen – dafür werden sie auch von ihrem eigenen Mann gedemütigt, geschlagen oder verstoßen. Wenn sie allerdings nicht nach draußen gehen, können sie nicht kochen, was bei ihren Männern zu ähnlichen Reaktionen führt.

Wir können davon ausgehen, dass es in sehr vielen Gegenden der Welt solche bzw. ähnlich unausweichliche und gefährliche Situationen für Frauen gibt. Bis sich in Kenia eine Frau aufgemacht hat und davongegangen ist, um ihr eigenes Leben zu suchen. Als Folge davon gibt es seit einigen Jahren das Dorf der Frauen. Dorthin kommen, teils von sehr weit her, Frauen mit ihren Kindern, auch ohne sie, wenn der Mann sie ihnen nicht überlassen hat. Sie leben dort zusammen mit anderen Frauen. Manchmal, wenn eine ihre Geschichte erzählt, weint sie ein wenig – dann aber lachen alle, und gesungen wird auch viel. Kein Mann hat Zutritt zu diesem Dorf. Die Söhne müssen das Dorf verlassen, sobald sie Männer geworden sind. Aber man sah einen jungen Mann, der abends nach der Arbeit von draußen herbeikam, um das Dorf und vor allem seine Mutter zu bewachen und vor Eindringlingen zu schützen. Dieser junge Mann sprach seinen tiefsten Respekt vor seiner Mutter aus, weil sie sich aufgelehnt hatte gegen das gewalttätige Regiment seines Vaters. Er war stolz auf ihren Mut.

Diese Frauen ziehen es vor, unter sich zu bleiben – wie sie es in erotischer und sexueller Hinsicht halten, wenn sie zuweilen ihr Dorf verlassen, bleibt diskret verhüllt.

Noch einmal zurück zu den eingangs beschriebenen Südchinesen: In ihrer Kultur gibt es eine Beziehungsform, die man »Besuchsehe« nennt. Beziehungsweise: Es gibt nur die »Besuchsehe«, keine andere, und eine Ehe im eigentlichen Sinn ist es auch nicht. Die Frauen sind mit dieser Art der Beziehung zu den Männern sehr zufrieden – laut Umfrage. Die Männer wurden nicht befragt. Man kann nämlich nicht sagen, es handle sich um eine bestimmte

Form des Zusammenlebens, denn die Paare leben nicht zusammen, der Mann besucht die Frau und geht dann wieder nach Hause. Das heißt, der Mann besucht eine Frau, und wenn sie ihn »hereinlässt«, dann darf er im Höchstfall zwei Tage bleiben. Dann muss er wieder gehen, denn für länger haben die Frauen keine Zeit. Die »Verehrung« des Mannes gilt umso mehr, und die Neigung der Frau, ihn zu erhören, steigt, je weiter der Weg ist, den er zu ihrem Haus zurücklegen muss.

Wenn wir jetzt fragen würden: Was machen die Männer?, dann hätten wir schon zwei Antworten: Sie helfen und sie sind unterwegs – hin zu oder von der Liebsten wieder weg. Da ist eine Woche schnell vergangen.

Es gab da allerdings auch ein Beispiel, das aus dem Rahmen fiel. Das Bild zeigt einen jungen Mann, der für seine »Besuchsfrau« ein Haus baut – sehr langsam! Er lächelte ein wenig verlegen und sagte: So ein Haus zu bauen dauert lang, und es lohnt sich nicht, jeden Abend nach Hause zu gehen – ich bin von weither gekommen. Das nenne ich subversiv, so kann man eine ganze Institution aushebeln.

Noch ein anderes Beispiel: In einem ebenfalls südchinesischen Dorf arbeitet eine sehr alte Frau auf ihrem Feld, auf dem sie Heilkräuter anbaut. Erstaunlich ist ihre enorme Körperkraft. Obwohl sie klein und dünn und, wie gesagt, sehr alt ist, schwingt sie einen riesigen Pickel und hackt die Erde. Kommt ein jüngerer Mann herbei – offensichtlich wegen der Kräuter. Die beiden kennen sich, und als die alte Frau ihr Tragtuch schultert, sagt er: »Lass es mich tragen.« Sie lächelt, sieht plötzlich aus wie eine 17-Jährige – und lehnt ab. Als er ein zweites Mal insistiert, sagt sie: »Ihr Männer sollt eure Kraft aufsparen, für die Nacht, für die Frauen.« Was sagte ein hochgeschätzter Kollege, als ich ihn im Vorfeld meiner Interviews zu diesem Buch fragte, wozu die Männer gut seien? »Um euch Frauen zu beglücken!«

Noch ein letztes chinesisches Beispiel: Das Volk der Wa, das im Grenzdreieck von China, Laos und Myanmar lebt, ein Volk von immerhin noch 400 000 Menschen, war lange Zeit isoliert und hat ebenfalls starke Frauen hervorgebracht. Ihr Sinn für Ästhetik ist legendär und zeigt sich besonders in der Schönheit ihrer langen schwarzen Haare, die sie in einem besonderen Tanz zur Geltung bringen, in ihrem Schmuck und ihren schönfarbigen selbst gewebten Röcken. Ihre Männer waren bis vor wenigen Jahrzehnten als Kopfjäger berüchtigt – am liebsten opferten sie ihren Göttern einen Chinesenkopf mit langem Bart. Heute opfern sie Büffel in einem grausamen Ritual. Außerdem bauen sie Drogen an. Für alles andere sind die Frauen zuständig.

Es sind die Frauen, die einen Mann wählen. Und zum Zeichen ihrer Zuneigung kämmen sie ihm ausgiebig die Haare. Man könnte auf die Idee kommen, dass sie einen starken und damit gefährlichen Mann wählen und ihn durch Kämmen seiner Haare besänftigen und befrieden.

Dieses Beispiel habe ich in einer Zeitung gelesen – falls Sie sich mittlerweile gefragt haben, woher ich das alles weiß. Worüber Sie gerade nachdenken, weiß ich allerdings nicht. Mich erinnert das letztgenannte Beispiel an das Märchen von den drei goldenen Haaren: Da legt der Teufel seinen Kopf in den Schoß einer Frau – seiner Großmutter –, und während sie ihn kämmt, wird er ganz gefügig, er erzählt Sachen, über die er sonst nie reden würde, merkt gar nicht, dass er ein paar seiner kostbarsten Haare ausgerupft bekommt, und entspannt sich bestens.

Bei uns liegen die Verhältnisse natürlich ganz anders. Aber wenn man sich die ethnologische Brille aufsetzt, so entdeckt man doch so einige Parallelen in den Beziehungsverhältnissen der Geschlechter hier und dort.

Ich glaube, dass wir Frauen den Männern in ihrer jetzigen Identitätskrise helfen können, wenn wir selbst mutig sind, wenn wir uns nicht unterwerfen, wenn wir ihnen etwas Gutes zutrauen, ihnen Sicherheit und Anerkennung geben und wenn wir dafür sorgen, dass sie sich geliebt fühlen.

Literatur

Antonovsky, A. (1993) Gesundheitsforschung versus Krankheitsforschung. In: Franke, A. & Broda M. (Hrsg.) Psychosomatische Gesundheit. Versuch einer Abkehr vom Pathogenese-Konzept. Tübingen: DGVT, S. 3–14

Badinter, E. (1993) Die Identität des Mannes. München: Piper

Badinter, E. (2005) Die Wiederentdeckung der Gleichheit. Schwache Frauen, gefährliche Männer und andere feministische Irrtümer. Berlin: Ullstein

Baron-Cohen, S. (2004) Vom ersten Tag an anders. Das weibliche und das männliche Gehirn. München: Heyne

Bartels, A. & Zeki, S. (2002) The neural basis of romantic love. Neuroreport 11, S. 3829–3834

Bauer, J. (2004) Das Gedächtnis des Körpers. Wie Beziehungen und Lebensstile unsere Gene steuern. München: Piper

Bauer, J. (2005) Warum ich fühle, was du fühlst: Intuitive Kommunikation und das Geheimnis der Spiegelneurone. Hamburg: Hoffmann & Campe

Bergmann, W. (2008) Kleine Jungs – große Not. Wie wir ihnen Halt geben. Weinheim: Beltz

Beuster, F. (2006) Die Jungenkatastrophe. Das überforderte Geschlecht. Reinbek: Rowohlt

Bischof-Köhler, D. (2006, 3. erw. Auflage) Von Natur aus anders. Die Psychologie der Geschlechtsunterschiede. Stuttgart: Kohlhammer

Boldt, U. (2004) Ich bin froh, dass ich ein Junge bin. Materialien zur Jungenarbeit in der Schule. Baltmansweiler: Schneider Verlag

Bonin, W. (1986) Ethnologische und anthropologische Überlegungen zur Couvade. In: W. Schiefenhövel & Sich (Hrsg.) Die Geburt aus ethnomedizinischer Sicht. Beiträge und Nachträge zur IV internationalen Fachkonferenz der Arbeitsgemeinschaft Ethnomedizin über traditionelle Geburtshilfe und Gynäkologie. Göttingen 1978. Vieweg & Sohn, Braunschweig, 2. berichtigte Aufl. S. 121–126

Brownmiller, S. (1978) Gegen unseren Willen. Vergewaltigung und Männerherrschaft. Frankfurt/M: S. Fischer

Brizendine, L. (2007) Das weibliche Gehirn. Hamburg: Hoffmann & Campe

Brost, H. (2005) Wie Männer ticken – Über hundert Fakten, die aus jeder Frau eine Männerversteherin machen. Berlin: Schwarzkopf und Schwarzkopf

Csikszentmihalyi, M. (2007) Kreativität: wie Sie das Unmögliche schaffen und Ihre Grenzen überwinden. Stuttgart: Klett-Cotta

Dworkin, A. (1987, 1997) Pornographie. Männer beherrschen Frauen. Köln: Emma 1987; Frankfurt/M, S. Fischer 1997

Epstein, R. (2007) The case against adolescence: rediscovering the adult in every teen. Sanger: Quill Driver Books

Erikson, E. H. (1973) Wachstum und Krisen der gesunden Persönlichkeit. In: Identität und Lebenszyklus. Frankfurt/M.:, Suhrkamp Taschenbuch Wissenschaft, S. 55–122

Erikson, E. H. (1973) Das Problem der Ich-Identität. In: Identität und Lebenszyklus 1959, Frankfurt/M.: Suhrkamp Taschenbuch Wissenschaft, S. 123–212, Zitat: Fußnote 21, S. 209

Ehrhardt, A. (1980) Prinzipien der psychosexuellen Differenzierung. In: Bischof, N. & Preuschoft, H. (Hrsg.) Geschlechtsunterschiede – Entstehung und Entwicklung.
München: Beck Verlag, S. 99–122

Geißlinger, H. (1999) (Hrsg.) Überfälle auf die Wirklichkeit.
Berichte aus dem Reich der Story Dealer. Heidelberg:
Carl Auer Systeme

Gibran, K. (1973) Der Prophet. Zürich: Walter Verlag

Gratch, A. (2004) Wenn Männer reden könnten und was
sie fühlen, ohne es zu sagen. München: Knaur

Gray, J. (1998) Männer sind anders – Frauen auch. München: Mosaik/Goldmann

Hall, J. A. (1978) Gender effects in decoding nonverbal cues.
Psychological Bulletin 85, pp. 845–858

Hartmann, Th. (2007) Schluss mit dem Gewalt-Tabu –
warum Kinder ballern und sich prügeln müssen. Frankfurt: Eichborn

't Hart M. (2003) Gott fährt Fahrrad oder die wunderliche
Welt meines Vaters. München: Piper

Hollstein, W. (2008) Was vom Manne übrig blieb. Krise
und Zukunft des »starken« Geschlechts. Berlin: Aufbau
Verlagsgruppe

Hüther, G. (2006) Die Macht der inneren Bilder. Göttingen:
Vandenhoeck & Ruprecht

Jacob, O. (1990) Lieben und Sterben. Reinbek: Rowohlt

Kafka, F. (2000) Die Erzählungen und andere ausgewählte
Prosa. 5. Auflage. Frankfurt/M.: Fischer TB

Kimura, D. (1992) Weibliches und männliches Gehirn.
Spektrum der Wissenschaft, 11, 104–113

Lebert, A. & Lebert, S. (2007) Anleitung zum Männlichsein.
Frankfurt/M.: S. Fischer

Lessing, D. (2007) Die Kluft. Hamburg: Hoffmann und Campe

Mac Kinnon, C. (1979) Sexual harassment of working women. London: Yale University Press

Maccoby, E. E., Snow, M. E., Jacklin, C. N. (1984) Children's disposition and mother-child interaction at 12 and 18 months: a short-term longitudinal study. Developmental Psychology, 20, 459–472

Malatesta, C. & Haviland, J. M. (1985) Signals, symbols and socialization: The modification of emotional expression in human development. In: Lewis, M. & Saarni, C. (Eds.) The socialization of emotions. New York: Plenum Press. 89–115

Martin, J. A. (1981) A longitudinal study of the consequences of early mother-infant interaction: A microanalytic approach. Monographs of the Society for Research in Child Development, 46:3

Meier-Seethaler, C. (2007) Macht und Moral. 16 Essays zur Aufklärung patriarchaler Denkmuster. Zürich: Xanthippe Verlag

Mitscherlich, M. (1985) Die friedfertige Frau. Frankfurt/M.: Fischer

Moss, H. A. (1974) Early sex differences and mother-child interaction. In: Friedman, R. C. et al. (Hrsg.) Sex differences in behaviour. New York: Wiley. 149–163

Pollack, W. F. (2001) Jungen. Was sie vermissen, was sie brauchen. Weinheim: Beltz

Proust, M. (1987) Auf der Suche nach der verlorenen Zeit 2: Im Schatten der jungen Mädchen. In: Walter Benjamin (Hrsg.) Gesammelte Schriften. Übersetzungen. Frankfurt/M.: Suhrkamp, S. 303

Reinisch, J. M. (1981) Prenatal exposure to synthetic progestins increases potential for aggression in humans. Science 211, 1171–1173

Retzer, A. (2005) Liebesmythen und ihre Funktion. In: Willi, J. & Limacher, B. (Hrsg.) Wenn die Liebe schwindet. Möglichkeiten und Grenzen der Paartherapie. Stuttgart: Klett-Cotta, S. 61–79

Schmidt, G. (2004) Beziehungsbiographien im Wandel. Von der sexuellen zur familiären Revolution. In: Richter-Appelt, H. & Hill, A. (Hrsg.) Geschlecht zwischen Spiel und Zwang. Gießen: Psychosozial Verlag, S. 275–294

Schmidt, G. (2005) Partnerschaft in drei Generationen. Zum gesellschaftlichen Hintergrund paartherapeutischer Arbeit. In: Willi, J. & Limacher, B. (Hrsg.) Wenn die Liebe schwindet. Möglichkeiten und Grenzen der Paartherapie. Stuttgart: Klett-Cotta, S. 43–60

Schmidt, W. (1954) Gebräuche des Ehemannes bei Schwangerschaft und Geburt. Wiener Beiträge zur Kulturgeschichte und Linguistik, Band X. Wien/München, S. 7

Schmitt, E. E. (2007) Monsieur Ibrahim und die Blumen des Koran. Frankfurt/M.: Fischer TB

Schnack, D. & Neutzling, R. (1990, 2003) Kleine Helden in Not. Jungen auf der Suche nach Männlichkeit. Reinbek: Rowohlt

Schönberger, M. (2007) Wozu Männer? Liebeserklärung an eine überflüssige Spezies. München: Droemer

Seemann, H. (2007) Freundschaft mit dem eigenen Körper schließen. Über den Umgang mit psychosomatischen Schmerzen. 6. Auflage. Stuttgart: Klett-Cotta

Seemann, H. (2008) Selbst-Herrlichkeits-Training für Frauen und schüchterne Männer. 3. Auflage. Stuttgart: Klett-Cotta

Shem, S. & Surrey, J. (1999) Alphabete der Liebe. Warum Männer und Frauen doch zusammen passen. Stuttgart: Klett-Cotta

Sichtermann, B. & Rose, I. (2006) Männer am Rande des Nervenzusammenbruchs. Berlin: edition eberbach

Steffensky, F. (2007) Was ist Spiritualität? Chrismon 11, S. 38

Stern, M. & Karraker, K. H. (1989) Sex stereotyping of infants. A review of gender labeling studies. Sex Roles, 20, 501–522

Terzani, T. (2007) Das Ende ist mein Anfang. Ein Vater, ein Sohn und die große Reise des Lebens. München: DVA

Uhl, M. & Voland, E. (2002) Angeber haben mehr vom Leben. Heidelberg: Spektrum Akademischer Verlag

Ungerer, T. (1974) Kein Kuss für Mutter. Eine Geschichte über zu viel oder zu wenig Liebe. Zürich: Diogenes

Verres, R. (1994) Heilkunst und Atmosphäre. In: Verres, R., Schweitzer, J., Jonasch, K., Süßdorf, B. (1994) (Hrsg.) Heidelberger Lesebuch der Medizinischen Psychologie. Göttingen: Vandenhoeck & Ruprecht, S. 11–26

Weiner-Davis, M. (2003) Jetzt ändere ich meinen Mann – Wie Sie ihn einfach umkrempeln, ohne dass er es merkt. München: Piper

Welzer, H. (2005) Täter. Wie aus ganz normalen Menschen Massenmörder werden. Frankfurt/M.: S. Fischer

Wetzler, S. (2003) Warum Männer mauern. Wie Sie Ihren passiv-aggressiven Mann besser verstehen und mit ihm glücklich werden. München: Goldmann

Willi, J. & Limacher, B. (2005) (Hrsg.) Wenn die Liebe
    schwindet. Möglichkeiten und Grenzen der Paartherapie.
    Stuttgart: Klett-Cotta
Willi, J. (2005) Die Sehnsucht nach der absoluten Liebe. In:
    Willi, J. & Limacher, B. (Hrsg.) Wenn die Liebe schwindet.
    Möglichkeiten und Grenzen der Paartherapie. Stuttgart:
    Klett-Cotta, S. 15–42

Hanne Seemann, Diplom-Psychologin, ist Psychologische Psychotherapeutin und arbeitet als Hypnotherapeutin in privater Praxis, nachdem sie lange Jahre am Institut für Psychotherapie und Medizinische Psychologie am Universitätsklinikum Heidelberg tätig war. Sie gibt Workshops zu den Themen ihrer Bücher und Psychosomatik-Seminare für Ärzte, Psychotherapeuten und Betroffene. Hanne Seemann hat mehrere Bücher verfasst, darunter den sehr erfolgreichen Titel »Freundschaft mit dem eigenen Körper schließen«.

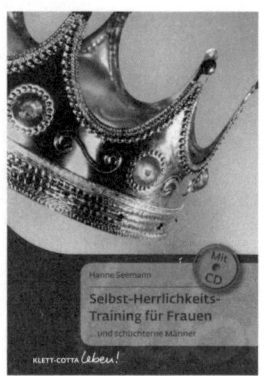